制度、名物与史事沿革系列

科举史话

A Brief History of Imperial Examination in China

李尚英 / 著

社会科学文献出版社
SOCIAL SCIENCES ACADEMIC PRESS (CHINA)

图书在版编目（CIP）数据

科举史话/李尚英著. —北京：社会科学文献出版社，2011.5（2012.8重印）
（中国史话）
ISBN 978-7-5097-2038-7

Ⅰ.①科… Ⅱ.①李… Ⅲ.①科举制度-研究-中国 Ⅳ.①D691.3

中国版本图书馆CIP数据核字（2011）第075991号

“十二五”国家重点出版规划项目

中国史话·制度、名物与史事沿革系列

科举史话

著　　者 / 李尚英

出 版 人 / 谢寿光
出 版 者 / 社会科学文献出版社
地　　址 / 北京市西城区北三环中路甲29号院3号楼华龙大厦
邮政编码 / 100029

责任部门 / 人文科学图书事业部（010）59367215
电子信箱 / renwen@ssap.cn
责任编辑 / 赵子光　赵　亦
责任校对 / 宋荣欣
责任印制 / 岳　阳
总 经 销 / 社会科学文献出版社发行部
（010）59367081　59367089
读者服务 / 读者服务中心（010）59367028

印　　装 / 北京画中画印刷有限公司
开　　本 / 889mm×1194mm　1/32　印张 / 6.25
版　　次 / 2011年5月第1版　字数 / 115千字
印　　次 / 2012年8月第2次印刷
书　　号 / ISBN 978-7-5097-2038-7
定　　价 / 15.00元

《中国史话》
编辑委员会

总 序

中国是一个有着悠久文化历史的古老国度，从传说中的三皇五帝到中华人民共和国的建立，生活在这片土地上的人们从来都没有停止过探寻、创造的脚步。长沙马王堆出土的轻若烟雾、薄如蝉翼的素纱衣向世人昭示着古人在丝绸纺织、制作方面所达到的高度；敦煌莫高窟近五百个洞窟中的两千多尊彩塑雕像和大量的彩绘壁画又向世人显示了古人在雕塑和绘画方面所取得的成绩；还有青铜器、唐三彩、园林建筑、宫殿建筑，以及书法、诗歌、茶道、中医等物质与非物质文化遗产，它们无不向世人展示了中华五千年文化的灿烂与辉煌，展示了中国这一古老国度的魅力与绚烂。这是一份宝贵的遗产，值得我们每一位炎黄子孙珍视。

历史不会永远眷顾任何一个民族或一个国家，当世界进入近代之时，曾经一千多年雄踞世界发展高峰的古老中国，从巅峰跌落。1840 年鸦片战争的炮声打破了清帝国“天朝上国”的迷梦，从此中国沦为被列强宰割的羔羊。一个个不平等条约的签订，不仅使中国大量的白银外流，更使中国的领土一步步被列强侵占，国库亏空，民不聊生。东方古国曾经拥有的辉煌，也随着西方列强坚船利炮的轰击而烟消云散，中国一步步堕入了半殖民地的深渊。不甘屈服的中国人民也由此开始了救国救民、富国图强的抗争之路。从洋务运动到维新变法，从太平天国到辛亥革命，从五四运动到中国共产党领导的新民主主义革命，中国人民屡败屡战，终于认识到了“只有社会主义才能救中国，只有社会主义才能发展中国”这一道理。中国共产党领导中国人民推倒三座大山，建立了新中国，从此饱受屈辱与蹂躏的中国人民站起来了。古老的中国焕发出新的生机与活力，摆脱了任人宰割与欺侮的历史，屹立于世界民族之林。每一位中华儿女应当了解中华民族数千年的文明史，也应当牢记鸦片战争以来一百多年民族屈辱的历史。

当我们步入全球化大潮的21世纪，信息技术革命迅猛发展，地区之间的交流壁垒被互联网之类的新兴交流工具所打破，世界的多元性展示在世人面前。世界上任何一个区域都不可避免地存在着两种以上文化的交汇与碰撞，但不可否认的是，近些年来，随着市场经济的大潮，西方文化扑面而来，有些人唯西方为时尚，把民族的传统丢在一边。大批年轻人甚至比西方人还热衷于圣诞节、情人节与洋快餐，对我国各民族的重大节日以及中国历史的基本知识却茫然无知，这是中华民族实现复兴大业中的重大忧患。

中国之所以为中国，中华民族之所以历数千年而不分离，根基就在于五千年来一脉相传的中华文明。如果丢弃了千百年来一脉相承的文化，任凭外来文化随意浸染，很难设想13亿中国人到哪里去寻找民族向心力和凝聚力。在推进社会主义现代化、实现民族复兴的伟大事业中，大力弘扬优秀的中华民族文化和民族精神，弘扬中华文化的爱国主义传统和民族自尊意识，在建设中国特色社会主义的进程中，构建具有中国特色的文化价值体系，光大中华民族的优秀传统文化是一件任重而道远的事业。

当前，我国进入了经济体制深刻变革、社会结构深刻变动、利益格局深刻调整、思想观念深刻变化的新的历史时期。面对新的历史任务和来自各方的新挑战，全党和全国人民都需要学习和把握社会主义核心价值体系，进一步形成全社会共同的理想信念和道德规范，打牢全党全国各族人民团结奋斗的思想道德基础，形成全民族奋发向上的精神力量，这是我们建设社会主义和谐社会的思想保证。中国社会科学院作为国家社会科学研究的机构，有责任为此作出贡献。我们在编写出版《中华文明史话》与《百年中国史话》的基础上，组织院内外各研究领域的专家，融合近年来的最新研究，编辑出版大型历史知识系列丛书——《中国史话》，其目的就在于为广大人民群众尤其是青少年提供一套较为完整、准确地介绍中国历史和传统文化的普及类系列丛书，从而使生活在信息时代的人们尤其是青少年能够了解自己祖先的历史，在东西南北文化的交流中由知己到知彼，善于取人之长补己之短，在中国与世界各国愈来愈深的文化交融中，保持自己的本色与特色，将中华民族自强不息、厚德载物的精神永远发扬下去。

《中国史话》系列丛书首批计200种，每种10万字左右，主要从政治、经济、文化、军事、哲学、艺术、科技、饮食、服饰、交通、建筑等各个方面介绍了从古至今数千年来中华文明发展和变迁的历史。这些历史不仅展现了中华五千年文化的辉煌，展现了先民的智慧与创造精神，而且展现了中国人民的不屈与抗争精神。我们衷心地希望这套普及历史知识的丛书对广大人民群众进一步了解中华民族的优秀文化传统，增强民族自尊心和自豪感发挥应有的作用，鼓舞广大人民群众特别是新一代的劳动者和建设者在建设中国特色社会主义的道路上不断阔步前进，为我们祖国美好的未来贡献更大的力量。

陈奎元

2011年4月

作者小传

李尚英，男，1942年3月生，辽宁省锦县人。1966年毕业于北京大学历史系，1978年考入中国社会科学院研究生院历史系清史专业研究生。1981年毕业后留中国社会科学院研究生院学报编辑部工作，历任编辑、副编审、编审，学报编辑部主任、副主编（主持工作），并被聘为该院教授。2002年退休。2004年被国家清史编纂委员会聘为“中华文史网”主编。主要著作有《清代政治与民间宗教》、《清朝典制》（与人合著），另发表论文数十篇。

目　录

引　言

富家不用买良田，书中自有千钟粟；
安房不用架高樑，书中自有黄金屋；
娶妻莫恨无良媒，书中有女颜如玉；
出门莫恨无人随，书中车马多如簇；
男儿欲遂平生志，六经勤向窗前读。

这是一首著名的《劝学诗》，相传为北宋真宗皇帝赵恒所作。千百年来，这首诗在中国广袤（音 mào，意为土地南北的长度）的大地上，从城市到农村，从内地到边疆，几乎家喻户晓；从老人到幼儿，从男人到女人，几乎人人皆知。许多人虽然不见得能全文背诵，但却能用诗中的大意或一二句鼓励自己或子女、亲朋好友，通过勤奋苦读孔孟儒家经典和科举考试的方式升官发财，钻进统治阶层中去。

中国古代选拔人才、任用官吏的制度，代有不同。战国时期实行军功与养士制。汉代实行“乡举里选制”，其中的诏举，可看作后世之“制科”的先河。魏晋南北朝时，实行九品中正制，但其品评人物不是以德才为标准，而是看门第的高低，完全成为世家大族巩固门阀势力的工具。于是，隋文帝开皇七年（587年）定制每州每岁贡士3人。开皇十八年诏志行修谨、清平干济二科举人。大业二年（606年），隋炀帝杨广在此基础上置进士科，产生了科举取士的制度，是为中国科举制度的肇始。这样，科举制度由隋创始，形成于唐，经宋、元、明，延续到清末，存在了1300余年，一直作为统治阶级取士之正途。

科举制度的产生，适应了当时社会政治发展的需要，对于维护封建统治起了重要作用；也曾激起过人们读书的积极性，为统治阶级选拔才识之士充实自己的队伍提供了条件。尽管由于考试内容和方法失当，不少考生与考官通同作弊，使科举制度未能发挥其本来的作用，但对封建社会这一漫长时期的政治、经济、教育制度以及知识分子的学风，都曾产生过重大的影响，在中国历史上的地位、作用实在不可低估。中国科举制度的渊源是什么？发展脉络怎样？它在中国封建社会的历史上应占据怎样的地位，其作用和影响又如何？这些都是这本小册子所要回答的问题。

一　科举制度溯源

在中国社会历史上，官吏选拔的制度是在进入阶级社会之后确立的。官吏选拔制度，又称仕进制度。“仕”即做官，“进”即进阶、进身，“仕”、“进”合起来就是进身为官之意。如果将原始社会推举首领也列入其中的话，可以说：原始社会实行的是任人唯贤的方针；奴隶制时代实行的是世禄世官制；封建社会多有变化，战国时期实行军功与养士制，汉代实行“乡举里选”制，三国两晋南北朝时实行九品中正制，自隋至清（606～1905 年）实行科举取士制度。它们间均有渊源关系。

1　汉代以前官吏的选拔制度

在原始社会里，生产力水平极为低下，决定了必须实行集体劳动和生产资料、生产产品公有制。这就是历史上著名的“天下为公”时代。当时，社会的基本组织形式是氏族和部落。部落的首领必须贤（贤德）能（能力）兼备，并由民主选举产生。著名的尧舜禹禅让就是这一时期的产物。

相传，尧任部落首领时，洪水泛滥成灾。尧让鲧去治水，但多年未见成效。尧晚年经过认真考察，选中舜为自己的继承人。舜为部落首领后，任用鲧的儿子禹治理水患。禹吸取了父辈治水失败的教训，采用疏导的方法治水；同时又身体力行，治水的十余年间三次过家门而不入。经过全部落人的努力，洪水终于被制服了，禹也由此赢得了大家的崇敬。舜晚年顺从民意，挑选禹为自己的继承人。

禹晚年，社会上已出现了私有制。禹虽然推举伯益作自己的继承人，但从不去培养、扶植他，致使伯益未能在部落中树立起威望，相反禹的儿子启却利用父亲的威望，大肆暗中活动，私自培植势力，并在其父死后篡夺了部落首领职位，建立了夏朝。这是中国历史上第一个奴隶制政权。从此，选贤举能的制度便被父死子继、父子相袭制所取代。

夏、商、周三个朝代都处于奴隶社会时期。王是最高统治者，掌握着国家大权。夏、商两代，王之下是拥有土地和奴隶的贵族，王和贵族都是世代相袭、父子相承的。周朝实行分封制，周本身是一个国家，每个诸侯也都是一个国家。天子（周王）和诸侯都有自己直属的臣下，即卿、大夫、士，他们也都是世代相袭，有领地（“采邑”）、俸禄（士没有领地，仅有俸禄）。这种官吏的任用方式被称为“世禄世官制”。另外，值得一提的是，商周时已有将才华出众的平民或奴隶任用为官及通过考试选拔人才的现象出现，其中，商代大名鼎鼎的相伊尹就是“媵（音 yìng）臣”（奴隶）。相传，伊尹的母亲住在伊水之滨，一次外出采桑时生下了他。伊尹由此以“伊”为姓，后因穷困沦为夏的同姓有莘氏媵臣。后来，商汤娶有莘氏女为妃，伊尹便以陪嫁奴仆身份服侍汤。伊尹擅长烹调，做得一手好菜，颇得汤的好感。伊尹做饭之余，还常向汤讲解王者之道。但伊尹不愿做官，不久辞别汤回到原籍。汤深知伊尹是栋梁之才，派人带着礼物去接他。伊尹表示自己愿老死田野，无心思理政，使者只得怏怏而回。汤随后再次派人去接伊尹，又被婉拒。但汤并不灰心，此后又接连三次派人去请。伊尹终为汤的诚意所感动，精心辅佐汤灭夏，建立商朝，并被委任为相。奴隶可以做到相，说明商代应是一个发达的奴隶制国家。伊尹执政时，一度废掉了荒淫乱政的汤的孙子太甲。周代一度实行三年一次的考试，从优秀士人中逐级选拔秀士、选士、俊士、造士、进士。其中，进士可升任司马，执掌兵权。这里的“进士”，虽与隋唐以后作为取士科目的进士有很大的区别，但在用语和选拔方式上却有相同或相似之处。从这一点上似可将其看作后世科举制的萌芽。

春秋末年，由于铁制工具和牛耕的广泛使用，社会生产力得到很大提高，新兴的地主阶级逐渐地取代奴隶主阶级登上了政治舞台。战国时期，各国地主阶级为了摧毁奴隶制，加强封建制的统治，通过实行变法同奴隶主贵族势力展开争夺权力的激烈斗争。在斗争中，竭力把对国家立有功劳的人和知识分子（士）

吸收到新的封建制政权中来。于是，军功和养士就成了选任官吏的两条主要途径。

秦始皇统一中国和建立秦王朝以后，认为依靠军功获爵做官和养士制有碍于中央集权，于是采取各种措施予以削弱，又实行察举（即由下而上推选人才）、征辟（即自上而下选任官吏），叔孙通以文学被征聘为博士就是证明。但这种选官办法未及发展成型，秦朝已在农民起义的打击下灭亡了。

2 汉代的察举和征辟制度

汉高祖五年（公元前 202 年），刘邦击败项羽，统一天下，建立了汉王朝（史称西汉）。西汉建国伊始，刘邦承袭了战国以来政府奖励军功的政策，明令地方官，对于有军功的人给予田宅和家用奴隶，政府按照爵位的大小、高低，吸收他们到各级机关中任职。十一年（公元前 196 年），他下诏说：为使汉王朝长治久安，世世奉宗庙不绝，愿与贤士大夫共治天下。诏书中要求郡、国推荐贤士大夫。这就是汉代以察举选官的开始，也是中国历史上首次具有全国意义的选士活动。

汉代的察举又称荐举，是汉代选官的一种主要方式。它分为诏举和常举。诏举是皇帝直接下诏，命中央和地方各级官吏征取人才，又因为它是不定期的，故还称为特举。诏举可看作后世流行之“制科”的先河，始于汉高祖十一年，汉文帝时渐渐成为一种制度，但实行的时间从未固定。建元元年（公元前140年），汉武帝刘彻下诏命丞相、御史、诸侯相等举荐贤良方正、直言极谏之士，并接受了董仲舒的建议，罢黜百家，只以孔孟儒学取士，使察举成为汉代完备的选官制度。诏举之外，还有常举，即经常性的定期选拔官吏。元光元年（公元前134年），汉武帝又下诏命郡、国各举孝子、廉吏一人，合称为“孝廉”科。从此，察举成为一种制度，“州举茂才”（即秀才，东汉时为避光武帝讳而改秀才为茂才）、“郡举孝廉”便成为定期选拔官吏的一种制度，由州、郡长官主持此事。（这里应说明的一点是，秀才直至西汉灭亡前都是特举，东汉时成为常举；而孝廉自武帝始即为常举）。

诏举的科目，有贤良方正、文学、直言极谏、明经、明法、兵法和阴阳灾异等，多为实用之学。其中有的（如贤良方正）须经皇帝“策问”。常举的科目，有孝廉、茂才（秀才）。士人被选之后，即可做官（茂才为县令；孝廉则须先任郎，再迁为尚书郎，然后可为县令）。

汉代，凡被荐举任官的人，都要试用一年。试用期满，政府考察合格，即可转为正式官员，否则就被撤掉，而且推举他的人也要受到处罚。

汉代察举与后代科举考试的相同之处是均可举荐；相异之处在于察举以举荐为主，考试为辅。也就是说，只要被认为是人才，就可举荐。相传，穷士朱买臣不治产业，一心读书，每天与妻上山砍柴，路上边走边读。其妻觉得很丢脸，再三相劝不听，愤恨弃买臣而去。但朱买臣毫不悔悟，依然如故，后为同邑权贵严助举荐，受到皇帝召见，拜为大夫，又领兵破敌，官列九卿。然而举荐既起决定性作用，贿赂请托之风就会愈演愈烈，沽名钓誉之人也比比皆是。据说，有一个叫赵宣的士人，母死后在母亲墓道中守孝不出，得到乡人称赞，名声远扬。州县屡次举荐他为孝廉，都被拒绝，守孝长达20年。后来，人们偶然发现，赵宣20年中在墓道里先后生了五个儿子（按礼法，服丧期间必须禁欲），这一来，舆论大哗。这就难怪当时诗中所说："举秀才，不知书；察孝廉，父别居。寒素清白浊如泥，高第良将怯如鸡。"

察举之外，还有征辟。这是一种自上而下选任官吏的制度。征辟分皇帝征聘与公府、州郡辟除两种方式。皇帝征聘德高望重且品学兼优的人士入朝辅政，或备顾问，可以说这是最为尊荣的仕途。辟除是朝廷公卿和地方郡守以上官吏任用属吏的一种制度。这些属吏经过试用以后，均可出任中央和地方官吏。辟除制度的存在，说明汉代官员有自行用人之权，这极易促使官僚结党营私，败坏吏治。

征辟之外，还有任子和纳赀（音 zī，意资），即荫官与捐官的制度。汉制，二千石以上的官吏，可以保其子孙为官，东汉时更扩大为门从、死亡官吏子弟、宦官子弟等。汉文帝、武帝时，政府允许腰缠万贯的地主、富人出钱买官，称为纳赀和"赀选"。东汉末年，政治腐败，财政入不敷出，朝廷则公开标价卖官鬻（音 yù，意卖）爵。卖官鬻爵反过来又进一步加速了社会腐败之势的发展。

汉文帝时，皇帝开始通过策问的方式来考察被荐举者的才干和能力，从而开了后代殿试的先河。汉武帝即位后，每次殿试都提出有关治理国政的问题，要被策问者回答。元光元年（公元前 134 年），武帝在“诏贤良”时，就“天人之际”问题对一代大儒董仲舒进行策问。董仲舒经过三次策问，重建了使汉武帝颇为满意的儒家大一统思想体系，从而受到了武帝的重用。

3 魏晋九品中正制的确立

东汉末年，中国陷入了长期封建割据和混战的局面，朝廷的统治名存实亡，天下分崩离析。这样，实行察举和征辟的基本依据——乡举里选便无法正常进行。曹操在统一北方和掌握东汉政柄（216 年他被晋升为魏王）以后也感到，辟除制度使朝廷公卿和地方郡守以上官吏与他们的属吏形成了又一种君臣关系，严重地削弱着曹魏的中央集权。于是，采取了“唯才是举”的用人方针。强调只要有懂治国用兵之术的人，不论其出身、品行、道德如何，均可重用。从而招揽了许多英雄豪杰，大力提拔和重用出身微贱而又有治国用兵之术的干才，使自己的力量迅速强大起来。建安二十五年（220 年），曹操死，其子曹丕继嗣魏王，制定九品官人之法（即九品中正制），广为推行。该法的主要内容是：由各郡长官推举在京任官之德才兼备的本籍人兼任中正，并由司徒任命。中正之下，设有清定、访问。中正及其属员根据下列标准对本州郡的士人进行考察和鉴定：一是簿世（本人的家世）；二是状（本人忠、孝、友、义、学、谦等方面的评语）；三是品与辈目。中正根据士人的簿世和行状，先将其列入“辈目”（相当于层次），再给其乡品，分别定为上上、上中、上下、中上、中中、中下、下上、下中、下下九个等级。郡的中正官在评定本郡士人的乡品以后，再送至州的大中正，大中正送至中央司徒府。吏部在任用官员时，必须以各州郡中正官所评定的品级为依据。每三年要重新考核一次。

九品官人之法推行初期，中正官由中央政权任命，在考察州郡士人时还较注意人才优劣和舆论的褒贬，使朝廷掌握了一定的选官之权。但是，该法注重家世和门第，而作为某一地区评选人品负责人的中正官多是由本地豪强地主的代表担任，这就使得西汉以来日趋发展的豪强地主、门阀世族窃取了选官权力。这样，九品中正制也就成了他们操纵政柄、垄断官场的政治工具，无怪乎当时社会上流传着“上品无寒门，下品无世族”的民谣了。

九品中正制自曹魏时确立，经两晋，直至南北朝时，一些统治者看到门阀制度所带来的危害性，试图进行一些改革。如南朝梁武帝奖掖寒门子弟入仕，并用策试选拔官吏。但因各种原因，旧的选官制度始终未能破除。

豪强地主、门阀世族在东晋掌握了朝廷大权和选官权力后，一方面排斥、打击社会上真正的贤良之才，重用无德无才的膏粱子弟，使朝廷政治日趋腐败；另一方面则日益消极腐朽。他们安于逸乐，沉湎于酒色，且尚空谈，自命清高，实则饱食终日，无所事事。简文帝司马昱连水稻都不认识，竟问臣下是何种草。有一个世家大族子弟任骑兵参军，有人问他官居何职？他回答说自己也不知道，只是看到有人将马牵进衙门，因此好像是管马的马曹。又问他管多少匹马，他竟说连马都不认识，怎么能知道马匹的数目呢？再问他马近来死了多少匹，他更是语无伦次地说，不知其生，怎么能知道其死呢？他们还大肆贪污盗窃，甚至连国库存粮也毫不顾忌。

东晋末年孙恩、卢循领导的农民起义，北魏末年相继爆发的六镇、河北等地各族人民起义，集中地打击了豪强地主、世家大族。他们的没落，终于使九品中正制因失去了存在的阶级基础而至隋朝时被废除。

二　科举制度的肇始期

南北朝时，随着豪强地主、门阀世族的腐朽和衰败，普通地主（或称庶族寒门地主）的势力逐渐强大，迫切要求从政和居官，对豪强地主、门阀世族垄断选官制度表现出强烈的不满。于是，代表普通地主阶级利益的政治家纷纷指出，选官应唯才是举，重在得人。一种新的选官制度（科举制度）的出现已势在必行。

1　隋炀帝始建进士科

北周大定元年（581 年），隋国公杨坚废静帝宇文衍而自立，建国号为隋，是为隋文帝，年号开皇（581 年为开皇元年）。亲身经历了南北朝分裂割据时期的隋文帝，要想加强中央集权，把选官用人权从豪强地主、门阀世族的手里夺过来，就要废除九品中正制度。

开皇三年（583 年），隋文帝诏令停止州郡中正官评定士人乡品之权，将选官的权力收归中央政府。朝廷设立贤良科推选人才，州郡中正官被称为不知时势政务的“乡官”。开皇十五年，隋文帝又下令裁革“乡官”，正式废除了行世300余年的九品中正制。开皇十八年，隋文帝诏令京官五品以上及总督、刺史，以“志行修谨”、“清平干济”二科推选人才，以德、才举人，完全改变了魏晋以来注重出身门第的陈腐局面，开了科举制的先河。

大业二年（606年），隋炀帝继续变更魏晋以来的选举法，正式设立“进士科”。进士科当时虽然只是“试策而已”（《旧唐书·杨绾传》），但其意义不可低估：“后生之徒，复相仿效”（《旧唐书·薛登传》），说明已为后代学子所承认，成为他们的进身之阶。因此，我们有理由认为，进士科的设立，为科举制形成的标志。而科举制的形成，有利于中央政府从士族和豪强手中夺回选拔官吏的权力，进而巩固封建专制主义中央集权。因此，它能为以后各朝代所袭用。

隋朝时，统治者在推行进士科取士的同时，依然采用了汉代察举、征辟的制度。隋朝进士与汉代孝廉的选拔方法有异同处：相同处是均由州郡地方长官推举；相异处是进士策试成绩的优劣成为录取与否的标准，而孝廉则重德行，考试成绩不是唯一标准。

2 唐代的常举、制举和武举

618年，李渊夺取了隋炀帝的天下，改元武德，国号为唐，是为唐高祖。

唐朝立国之初，经过隋末农民大起义的扫荡和打击，朝廷官吏和豪强地主、门阀世族及其子弟或死或伤或逃，一时出现了各级官员奇缺的状况。为了改变这种状况和培植普通地主势力，唐高祖于武德四年（621 年）四月发布诏令，准许明经、秀才、进士等士人参加州县考试，合格者可保送到京，参加省试。次年又诏令有德行和有真才实学的士人自行荐举。这表明，唐朝建国伊始，不仅继续实行科举制度，而且在隋朝的基础上又前进了一步：隋炀帝设“进士科”，只是考试策问，给科举制搭了个架子；隋朝开科取士，是为庶族地主开辟进身之阶，但强大的世家大族势力拼命反对，未能达此目的。而唐高祖规定，士子自行荐举和朝廷考试，从而给科举制增添了内容。唐玄宗以后，考试科目增多，考试范围扩大，考试制度也更为精细，成为宋、元、明、清各朝考试的蓝本。

唐前期，豪强地主和门阀世族依然是“百足之虫，死而不僵”。这是因为，唐初创业君臣多为世家大族，为建立唐王朝立有汗马功劳。唐朝建立后，统治者颁布的法令规定，凡宗室、外戚、品官、勋官的子孙都享有门荫特权，他们依靠祖、父辈的地位、官品、爵位、勋级，凭借自己的经济、文化优势，就可捷足官途，垄断官场，以延续自己的统治。例如，直到玄宗时门资入仕仍是唐朝高官的主要来源之一，开元时期的宰相中有 8 人就是以门荫入仕的。另据唐史专家吴宗国先生统计，唐朝后期德宗朝宰相 35 人，其中门荫入仕者 10 人，进士出身的 13 人。这说明，在跻身最高统治集团的过程中，门第的因素仍在起着一定的作用。而一般的普通地主，在朝廷中的脚跟尚未站稳，没有政治权势，经济上也缺乏实力，一时还难与豪强地主抗争，在选官中明显处于不利地位，登科及第的很少，做到高官的更是寥寥无几。这样，科举制只是士人获得做官资格的几种途径之一，而且又是其中很不重要的一个途径。经过武则天对唐朝宗室和豪强地主的大肆诛戮，以及安史之乱，豪强地主和门阀世族才受到一定程度的打击。这就为科举制的实施及顺利发展扫清了障碍。

唐代科举制包括以下内容：

（1）常举。又称贡举，每年在尚书省举行一次考试（称省试）。主考官最初是吏部考功司的考功员外郎；开元二十四年（736 年），朝廷以员外郎资望浅，无法镇住考场为由，改为礼部侍郎主考，并在礼部设立考场。这样，礼部掌管取人权，吏部掌管用人权。此后，这种考试制度一直沿袭到清朝。

应试者有生徒和乡贡。生徒是国子六学（国子学、太学、四门学、律学、书学、算学，均隶属于国子监）、弘文馆、崇文馆和地方州、县学的学生。他们中除律学、书学、算学之外，学习的主要科目是九经，即《诗》、《书》、《易》、《周礼》、《仪礼》、《礼记》、《左传》、《公羊传》和《穀梁传》。唐太宗李世民时，朝廷以九经门类繁多，章句繁杂，诏令国子祭酒孔颖达与儒学家编纂 170 卷的《五经正义》（即《周易正义》、《尚书正义》、《毛诗正义》、《礼记正义》和《春秋左传正义》）等，作为当时基本而又标准的课本。乡贡是未入上述学校学习的学生，他们可以向所在州、县投牒（即本人身份、履历证书）自荐，由州、县地方官吏逐级进行考试，成绩合格者方可由州送至中央政府所在地参加省试。由于他们是随各州进贡物品同送尚书省的，故称乡贡。

常举的科目时增时减，最为常见的有秀才、进士、明经等科，但真正重要而又为时人所向往的，也就是二三科。例如，唐初秀才科等第最高，后来日渐冷落。高宗永徽二年（651 年），朝廷明令废止。时人大都趋向于明经、进士两科。

明经、进士两科在玄宗开元以前，考试内容大致相同，主要是试策、帖经。试策主要考时务策，即应试者谈自己对当时社会及政治形势的看法以及处理意见。帖经又称帖文，就是考官任取儒家经典中的某一段，用纸条盖上其中几个字或几句，令考生将此默写出，这犹如今日的“填空”题。另外，明经还要考墨义，大体相当于今日的问答题。主考官出题时，写出一段儒家经典中的文字，令考生写出该句经文的前人注疏或上下文。显然，帖经和墨义是测验不出考生真才实学的。一般而言，明经科考试要求较低，只要熟读注疏即可应试，也容易被录取。进士科的考试内容除与明经科相同外，还要考杂文，主要是检验考生的文学修养和素质。玄宗开元年间，进士又加考诗赋。此后，诗赋在考试中的地位越来越重要，以至于主考官的褒贬都在诗赋上。因此，唐人把进士科称为“词科”，后世也称唐朝“以诗赋取士”。总之，唐朝进士考试重诗赋、杂文，明经考试重帖经、墨义。进士科要比明经科难得多。

正因为进士科考试难于明经科，故进士的名额少，录取率低。一般而言，进士的录取率为1% ~2%，唐中期以后，录取数额维持在30名左右。明经的录取率较高，约占应考总人数的10% ~20%，录取数额在120人左右。所以，当时社会上广泛流传着“三十老明经，五十少进士”的说法。意思是说，30岁考上明经科的算是年龄大的，而考中进士科者，50岁就算是年轻的。唐代常举各科目中，进士科最为贵重，及第者常有“白衣公卿”、“一品美衫”的美称，所以士人均以中进士为荣。当时人也常说：“缙绅虽位极人臣，不由进士者终为不美。”（《唐摭言》卷1）唐高宗时，宰相薛仁超曾对他的亲朋好友说，未能中进士是他一生中最大的憾事。这充分反映了当时一般士人的心态和愿望。

安史之乱后，随着豪强地主、门阀士族的衰落，普通地主的经济、文化获得了迅速的发展。一些人士看到这种形势，便着力按才学的标准培养自己的子弟，出现了父教子，兄教弟，刻苦攻读经书的场面。一大批怀有真才实学的经世治国之才，通过进士科被选拔出来，并迅速地进入从中央到地方的各级统治机构，担任各种官职，小到县令，大到宰相。据唐史专家吴宗国先生统计，宪宗（806 ~820年）时的29名宰相中，进士出身的17人，占58.6%；懿宗（860 ~874年）时的21名宰相中，进士出身的17人，占80.9%。

这说明，唐朝科举制在隋朝迈出第一步的基础上，又向前迈出了第二步，在社会政治生活中已牢固地确立起来了，而进士科则成为科举考试中的主要科目。

唐代前期，学校教育和科举考试是相辅而行的，故进士大多是国子监的太学生出身；中叶以后，国子学衰废，进士转由乡贡中产生。

乡贡应进士举，在京都长安由京兆府保送，但须先进行一次诗赋预试，前10名称为等第，然后再参加礼部考试，中举者往往十居七八。外府选送称为“拔解（音jiè）”，唐中叶以前不经过预试，中叶以后则需先经过诗赋预试。考试一般在京师长安（今陕西西安）举行，但也有例外。如肃宗时，国家正值安史之乱，京师内外一片混乱，无法举行考试，故分于几处举行。各州所送举子赴京应举，称为“解”；解送的名单上第一名称作“解头”（即后世的“解元”）。考试和阅卷都在礼部下设的贡院举行，故考场称为“举场”，考官称“知贡举”，又注称“主司”、“主考”、“主文”、“有司”等，通常由礼部侍郎担任。举子彼此称为“秀才”。应试之前，举子纷纷奔走于有政治地位的达官显贵、名公巨卿之门，称为“关节”。他们为了取得高级官僚的信任及向主考官推荐，往往奉献自己的文学作品，称作“行卷”。由于唐代取士不仅要看成绩，还须有当权官僚和知名人士的推荐，故“行卷”十分重要，是给推荐者的第一个印象，但同时也给贿赂、请托等不正之风大开方便之门，使科举弊端丛生。许多士人为能“行卷”，整日提心吊胆地站立在公卿显贵门前，人欲进又不敢向前迈步，见到公卿想说话又不敢说，只能低声下气地哀求，显现出一副不知羞耻的奴才相。盛唐时代著名诗人王维，不足20岁时诗文已负盛名，但他苦于奔走无门，只得乞求岐王荫庇。岐王给王维一件锦绣衣服，两人一同拜谒公主。进了公主府后，公主问岐王来者何人。岐王回答说此人精通音乐，且弹得一手好琵琶，随后即令王维演唱。王维奉命独奏新曲，声调哀切，满座为之动容，公主也颇为兴奋。岐王见时机已到，便对公主说，此人不仅精通音律，就词学而言，现在读书士子中也无人能超过他。王维于是从怀中拿出自己的诗稿，双手捧交公主。公主览读后惊讶地说：这都是我以前读过的，原先以为是古人所作，想不到它们的作者却是你。这时岐王也说，如果今年考试王维能中状元的话，真是国家的大幸。公主问王维：那你为什么不去应举呢？岐王代答说：他本想去应举，可惜无人推荐。公主听后答应举荐。后来，王维果然一举登第。王维是有学问的人，举荐他倒也未给科举制抹黑。但是在当时贿赂、请托盛行的形势下，一些胸无点墨之庸儒奸巧之辈，以专事谄媚巴结登入仕途后，干尽种种坏事，使国家吏治日趋败坏。

按照唐制，考中进士只具备了做官的资格，能否做官，还要经吏部选试：一是考身、言、书、判“四才”。“身”指体貌丰美；“言”指言词有条理、合乎逻辑；“书”指书法遒劲优美；“判”指文理优长，通晓事理，熟悉法律，明辨是非。二是考察“德行”和

“才用”。“德行”指封建的纲常（三纲五常）和品行；“才用”指实际办事能力。考试和考查合格后，吏部才授予官职。唐代京官六品以下、外官县令以下，大都是通过这种铨选方式选任的。

（2）制举。也称为诏举，是由皇帝亲自主持的一种不定期的考试。制举的科目名称多是根据皇帝的诏令而临时决定的，常见的有直言极谏、贤良方正、才堪经邦、武足安边、文辞清丽等。考试日期和项目均由皇帝一人决定。参加制举考试者，不仅有一般士人，而且允许现任官员（参加常举考试者除外）参加。考试时都在朝廷殿堂上举行，一般要考时务策，玄宗以后又加试诗赋。优等者当即授官，不再像常举那样还得经过其他考试。制举是皇帝加强中央集权、网罗人才的一种便捷而有效的办法，但它却往往不被士人所敬重，认为不是正途出身。

（3）武举。始于武则天长安二年（702 年），当时由兵部员外郎一人主持，应举考生由各州选送。考试科目分为平射和武举二科，主要考马射、步射、马枪和负重等项，成绩优异者授予官职。武举是唐代科举制度的一个创造，为后世开创了一个先例。但在当时和后世均不被中央政府所重视，为封建社会后期武备的废弛埋下了祸根。

科举制度虽在唐朝已牢固确立起来，但从总体上看，依然处于肇始阶段。例如，考试的规矩不够严密；常举和制举考试之前，礼部设兵卫，对应举者搜索衣服；不准考生在考场内擅自行动，但试卷一般不糊名

（糊名，就是将试卷上考生的姓名密封起来，不让主考官知道应举者的姓名、身份等），偶有糊名也未形成一项制度。

唐代用科举制度把选拔官吏的权力集中到朝廷，加强了中央集权；同时也为普通地主及其子弟，乃至一些出身寒微的平民知识分子开辟了一条升官的道路，进而把他们吸收到统治机构中来。他们中了进士，得到高官厚禄以后，在政治上互相攀援，高据要津，把持朝政大权；在经济上享有许多特权，例如减免赋税、差徭，广置良田、园舍。唐中期以后他们被称为“衣冠户”。衣冠户的崛起，表明普通地主阶级已登上了历史舞台，经济和文化实力得到了很大程度的加强。

五代时（907～960年），除了后梁和后唐两代以举子学业未精为由，各停止两年常举外，其余的50年间，即使在战乱之年也未曾停止过科举考试。但每年所取的进士，最多也仅及唐朝兴盛时期的一半。另外，考场规矩进一步严格起来。后唐明宗时（926～933年），礼部明文规定，应举者入考场时须经严格搜身，如搜出非法携带的书籍和文章，驱逐出考场，并取消此后两次参加科举考试的资格。

三　科举制度的完善和发展期

唐末和五代，藩镇割据，专制主义中央集权受到了严重削弱，科举制度一度处于停滞状态。后周显德七年（960年）初，赵匡胤发动兵变，夺取后周政权，建立了宋朝（史称北宋），是为宋太祖。宋太祖为加强中央集权和清除五代时期武将跋扈的影响，以重文抑武为基本的用人之策，恢复了科举考试制度。宋太宗时期，有越来越多的文人学士被吸收到各级官僚机构中来。宋真宗时，更公开诏令把孔孟儒学作为科举取士的标准，要社会各阶层人士刻苦攻读和钻研儒家经典，并亲自作了一首《劝学诗》，以名利为诱饵，通过科举考试把他们引入到升官发财的道路上来。刻版印刷术的出现，使书籍成本降低、发行量大且流传日广，受教育的人日益增多，参加科举考试的人也随之增加。科举制度在宋代不断得到完善和发展。

1　宋代三级考试制的建立

宋代的科举考试，基本上沿袭唐代，仍分贡举

（常举）和制举，但又比唐代进一步完善了，许多规定为明清两代所仿效。就贡举而言，自太祖始，觉察到礼部考核有营私舞弊之嫌，不尽公平合理，同时也为了把科举考试握于己手，便想出了皇帝亲试的办法，即殿试。由此，宋代实行了州试、省试、殿试的三级考试制度，并为明清两代所仿效。

与唐代相比，宋代考试科目、考生成分有一些变化，考试规则进一步完善。

首先，考试科目增多。宋代的贡举由礼部主办，所设科目有进士、九经、五经、三史、三礼、三传、学究、明经、明法等，其中仍以进士科为主。

从考生成分来说，宋代为了防止官僚垄断士权，杜绝荐举中的营私舞弊行为，对中央和地方官吏及其亲属进行了各种限制。如现任官吏报考前须经皇帝批准，现任官吏及其亲属考试时另设场屋，官吏考试不合格要处以罚金。

科场规则渐趋严格。宋初，科场还允许考生挟带东西。景德二年（1005 年），真宗下令，举人不得再将茶厨、蜡烛、书策等带入科场，科场内也不得喧哗，违反者一经查出，即被逐出，并取消参加下次科举考试的权利。太宗淳化三年（992 年），朝廷实行了试卷糊名和锁院制度。这也为明清两代所仿效。糊名最初是在殿试中实行，以后陆续扩大到省试和州试。考试完毕，试卷一律用印，防止有关人员偷换试卷或从中捣鬼。锁院制度主要是针对主考官偷窃、泄漏考题而制定的，它规定，省试前 50 天左右，主考官要搬进贡院（省试所在地）居住，禁绝和外界接触，甚至也不能和亲属见面。真宗时，又制定了举人搜身法和置誊录院。誊录院是真宗于大中祥符八年（1015 年）设置的，它的主要任务是，科举考试结束后，将举人的试卷一律重新誊录，再送至主考官手里。这样，主考官在评阅试卷时，不仅不知道举人的姓名、籍贯，连他们的笔迹也无法辨认了。关于省试的时间，宋代一反唐代可以挑灯答卷的做法，只许白天答卷。

糊名、誉录制度的建立，限制了主考官的徇情舞弊行为。宋神宗时，著名文学家苏轼有一次任主考官，因他赏识一位名叫李廌的士人，评卷时，以为某一卷子必是李所作，便在卷上写了许多赞赏的话，并得意地向同考官夸耀。不料试卷拆封后，此卷乃是一章姓考生，李廌却落选了。

省试通过后，还要进行第三级考试——殿试，即皇帝亲自主持的考试。开宝六年（973 年），翰林学士李昉主持省试，录取 11 人。但太祖亲自策问时，发现进士武济川等 2 人才质低劣，奏对语无伦次，心中正起疑问，忽听有人撞击登闻鼓，急唤击鼓之人询问。原来，击鼓者是个落第进士，向皇帝控告李昉在录取时徇私情，并建议由皇帝主持，重新进行考试。宋太祖一听，不禁龙颜大怒，立即下诏取消武济川等 2 人的进士及第资格，又把已录取及未录取的 195 人召至殿上，亲自主考。结果，录取了进士、五经、三史等 127 人，而李昉录取的人中却有 10 人落选，李昉被严厉斥责，并受到了降级处分。这就是殿试的开始，此后，殿试就成了科举制度中最高一级的考试，并被沿袭下来。这样，被录取者只和皇帝有君臣、师生关系，彻底改变了唐代以来主考官和考生之间的“君臣”关系，从而在科举制度上也确立了专制主义中央集权的统治。殿试的出现，是科举制度的一个重要变化。

宋太宗时把殿试录取的进士分为一甲三名：赐进士及第、赐进士出身和赐同进士出身。发榜唱名时称为传胪。据史书记载，唱名之日，皇帝登集英殿，先由宰相将前3名的试卷进呈，皇帝阅毕、拆视姓名后，即呼某人上殿朝见。朝中大臣将皇帝御言传之阶下，再由六七名卫士齐呼其人姓名，称为传胪。传胪后，朝廷在琼林苑赐新进士宴，称为琼林宴。徽宗政和二年（1112年），改称为闻喜宴。

宋初，殿试皆有黜落，就是说，许多省试合格的举子，殿试时却名落孙山。几年的辛苦顿时成为泡影，这使落第举子十分寒心，一股怨恨和恼怒之情油然而生。更有些举子为参加殿试变卖了所有家产，一旦落第便无颜回家见父老。于是，京师每次殿试一结束，就有落第举子或聚众鼓噪，或投河自尽，以各种方式向统治者抗议。更有甚者，一个名叫张元的举子，在多次参加殿试失败后，气愤之余便投奔了西夏，向西夏统治者出卖了北宋的政治、军事机密，并为其进攻中原出谋划策，使宋朝统治集团大伤脑筋。为了平息落第举子的不满情绪和稳定社会秩序，嘉祐二年（1057年），宋仁宗下诏说，参加殿试者均免黜落，也就是说，凡参加殿试者，均可立即授官，猎取功名，此后这一做法就成为常制。北宋殿试前三名均称“状元”；南宋时称为“状元”、“榜眼”和“探花”，并为后代所沿用。

宋代科举，起初是每年举行一次。治平三年（1066 年）英宗正式规定，此后每三年举行一次，并成为定制，为历代所遵循。

宋代科举，虽与唐代一样以进士科为主，但录取的人数却大为增加了。隋唐时期，每年不过取 30 名左右；真宗咸平三年（1000 年）取进士 409 人，进士以外诸科 1100 余人。北宋中期由科举入仕的人数更多。南宋时每科进士及第者一般在 500 人左右。

宋代，凡考取进士，都不须经吏部复试，而直接授官，并且仕进之途越走越宽，许多人不几年即可成为朝廷重臣。如赵普、薛居正、宋琪、吕蒙正、王钦若、宋庠、文彦博、王安石、章惇、李纲、虞允文、叶衡、周必大、文天祥等。

宋代朝廷竭力给予新科进士各种荣耀。新进士录取后，皇帝亲自一一接见，并赐宴（如闻喜宴、琼林宴等）；诏令宫中卫士为状元清道开路，前呼后拥，公卿以下无不驻足观望，连皇帝也行注目礼。其情景之壮观，就是出外领兵打仗、奏凯还师的将军回京，场面也不及此。

正因为这样，皇帝愿意从新中状元、进士中挑选驸马，权贵们也争先恐后地物色佳婿。流传千余年、排成各种剧种的《陈世美》已是家喻户晓。当然，宋代也有不为富贵所淫的事例。相传，有一新中状元的少年，长相漂亮，体态丰腴，为权贵们所钦慕，一权贵还命自己的十余个仆人簇拥少年回府，少年欣然接受，也不推辞谦让。沿途，观者如潮。到了少年的府门前，一个身穿金色紫衣服的权贵突然走出人群，对少年说：我有一女，长得也不至于丑陋，愿配于你，可以吗？少年鞠躬致谢，回答说，像我这样的寒微之士能托迹高门，实在荣幸之至。等我回家后问问妻子，看她同意不同意离婚。在场的人听得此言，大笑不已，一哄而散。

2 宋代的制举、词科和武举

宋代科举考试除了进士科以外，主要的还有制举、词科和武举。

（1）制举。宋代的制举取士，始于宋太祖乾德二年（964 年）。当年正月，宋太祖鉴于前朝（后周）世宗所设三科（贤良方正能直言极谏、经学优深可为师法、详闲吏理达于教化）无人应考，下诏令重设此三科取士，但依然无人敢来应考。太宗时曾举行过制举考试，内容为诗赋、策、论等。景德二年（1005 年），真宗下诏将制举二科扩大为六科，准许文武群臣和草野、隐逸之士人应考。仁宗天圣七年（1029 年），宋廷又将六科扩为九科，以收录贤才。神宗即位以后，任用王安石为宰相，实行变法，反映到科举制度中，单设进士一科，并规定取士必由学校，渐次升等，考试内容由诗赋改为经义、策、论，与制举无异，于是废除了制举。王安石为了统一读书士子的思想，亲自撰写了《三经新义》（三经即《诗经》、《书经》和《周礼》）和《字说》（即考辨文字意义），这就开了明清两代“代圣立言”的先河。宋哲宗即位后，以司马光为首的守旧派当权，一反王安石所为，又恢复了制举，但仅设贤良方正能直言极谏一科。绍圣元年（1094 年），哲宗亲政，又反守旧派所为，废止贤良科。从此直至北宋灭亡，制举未再复置。南宋高宗绍兴元年（1131 年）正月，士大夫在对王安石派口诛笔伐时，要求恢复制举，为高宗所接受。终南宋一朝百余年间，制举未再被废除。

制举策论中，最为有名的当属著名文学家苏辙在仁宗嘉祐六年（1061 年）的策论了。当时，苏辙二十出头，可谓初出茅庐。他凭着一股初生牛犊不怕虎的胆量，在策论中公开斥责宋仁宗不关心宗庙社稷、庶民百姓，而整日与宫中千余名贵姬饮酒、歌舞，欢乐失节；希望仁宗痛下决心，节俭自励，以宽慰百姓。苏辙自知策文送达皇帝有掉脑袋的危险；几位考官意见歧异，有的认为苏辙胆大妄为，无礼之甚，主张予以黜落。但宋仁宗却不这么看。他说，既以真言召人而又因直言弃人，那么天下人将会怎样议论我们呢？并立即决断对苏轼、苏辙兄弟予以录取。仁宗回宫后，还兴高采烈地对皇后说，他为子孙录取了两名宰相。这充分体现了宋仁宗宽大的胸怀和求才若渴的急切心情。

制举命题范围和考试内容确立于真宗景德年间。

当时规定为先考论六首（篇），一日内完成，每首字数不低于500字方为合格。考论的目的是检查应举者的博学程度，出题范围主要是九经、兼经（《论语》、《孟子》）、正史、《国语》、《荀子》、《孟子》、《杨子》、《管子》、《文中子》等书及经书中的注疏。而六论中，首论为经，充分显示了宋朝统治者尊儒崇道之意。所出题目，又有明暗之分。明题是直引书的一二句，或稍微变换句中的一二字作为题目；暗题则颠倒书中的句读或首尾。明题使人一看即知，暗题则显得扑朔迷离，令人一时难知究竟，犹如猜谜语一般。应举者答卷时，必须写明考题的出处，并引出题目的上下文；如果不知道考题的出处，便不得为“通”；如知考题的出处，而不能写出其上下文，依然被判为“粗”，不算全“通”。按旧制，六论中以得到4个“通”为及格。后至南宋孝宗淳熙年间（1174～1189年），因废除了以经的注疏出题的做法，又规定应举者必须得到5个“通”才算及格。及格的试卷中上等者方可参加皇帝亲自主考的殿试。

皇帝殿试被视为国家大典，仪式庄严而隆重。届时，上自宰相、下至考官均须来陪侍。殿试的内容是试策一道，主要考查应举者对国家安危、治乱等问题的看法和处理意见，即考查应举者的才智。应举者对策时，不得低于3000字，还要先指明题的出处。按理说，能有机会参加皇帝亲自主持的殿试，士人已应感到荣幸之至。实则不然，宦官虎视眈眈地把守着殿门，给人一种阴森冷酷的感觉。应举者来到殿前，从头至靴底无一例外地被搜查一遍。然后，每人坐在一个指定的地方，冰凉的地上铺有一块破席子，手持刀剑的兵士站在他们面前。从早考到晚，不能离座，不能吃喝，其痛苦之状可以想见。难怪有的举子参加殿试后发出了无可奈何的慨叹："少小学贤能，谓可当宾礼，一朝在槛阱，两目但愕眙。"

殿试的等第由初考官拟定，复考官审核后，由详定官排列名次。宋代制举登科者，三等者即相当于进士科第一名，四等者相当于进士科第二三名，他们都赐制科出身。五等者相当于进士科第四五名，他们都赐进士出身。

制举本为宋太祖选拔急需人才而设立的。之后，历朝皇帝都对其予以重视，对中举者给予一些特殊待遇，如四等者即可授节度推官（节度使的幕僚官），说明制举优于进士科。所以宋人多称制举为大科，许多中进士的人也还想应制举试。

（2）词科。宋代取士科目中，专为朝廷选拔代言人才的科目，称为词科。词科是宏词、词学兼茂和博学宏词三科的通称。

宋初以来，进士科考试侧重于文学诗赋。熙宁二年（1069 年），宋神宗批准了宰相王安石的建议，罢除诗赋、文学，改为考试经义、策议。宋哲宗绍圣元年（1094 年）五月，哲宗接受中书、门下、尚书三省建议，立宏词科取士。徽宗在大观四年（1110 年）将宏词科改立词学兼茂科，每年考试一次，内容主要是诗赋、制、诰及历代政事。绍兴三年（1133 年）七月，高宗接受了工部侍郎李擢的建议，设立了博学宏词科。考试的方法是从十二种文体中选取六种文体命题，每种写古今各一篇。古指儒家九经、十七史、先秦诸子；今指本朝（宋）典章制度，甚至州郡的名称。以上均须博闻强记，如稍有疏忽，即影响成绩。

词科考试最初是每年春季在国子监举行，徽宗宣和五年（1123 年）规定，以后每三年开科考试一次，合格者由三省送交宰相决定录取与否。

词科与制举，虽然都考试论和策，但却有本质上的不同。宋廷创立制举的目的在于求直言，选拔国家急需的人才。考试是在三省定等后由皇帝亲自主持；考题有明暗之分，考生须指明出处。而词科是为国家预储代言之士，即作应用文书的人才；考生是在三省定等后由皇帝召试的；文章注重对偶，堆砌典故，细细阅读，不免给人一种味同嚼蜡的感觉，缺乏生命力，因而遭到历代文学家和史学家的严厉批评。

（3）武举。宋初，太祖杯酒释兵权以后，对武将时加防范，由此也就冷落了武举。宋真宗咸平年间（998～1003 年），真宗鉴于对西夏用兵，将帅乏人，便亲试举人，选择其中善于骑射、剑术者为武将。可以说，这是宋代设武举的先声。天圣七年（1029 年）闰二月，仁宗诏令设置武举，并对应举者先进行骑射考试，再进行策问。这是宋朝武举取士的开始。神宗和徽宗时先后诏令在京师和各州置武学，从官僚集团和平民百姓中招考武士（主要测验弓马的熟练程度和运用能力）。

武举考试分三级：解试、省试和殿试。解试是各地区武举人的一种考试。考试分为弓马和策义（兵书），一般录取70人左右。省试又称兵部试，由兵部主持。省试时，在殿前司（全国禁军的指挥机构）测验应举者的骑射、弓马水平，测验完毕定出上、中、下三等，再在秘阁（宋代藏书机构）考试墨义与策问。神宗时曾制定武举法，规定武举人如不能回答策问，可进行兵书墨义考试。宰相王安石对此深表反对。他指出，武举考试墨义，与学究只读书不会运用并无二致，于事无补。宋神宗听从了王安石的意见，对武举之士进行策问，即以时务边防和经史中涉及军务者为题，限考生以700字成文作答。但墨义之试并未罢除。殿试是第三级的考试，先在内廷崇政殿举行，后改在集英殿举行。殿试时，皇帝亲自阅视武举人的弓马武艺，但注重策问，例如问武举人对时务、兵法、阵法、军屯、韬略的看法，大多也是一种纸上谈兵。南宋孝宗乾道八年（1172年），对中武举者依文举之例，分别予以赐进士及第、进士出身和同进士出身。

3 宋代的三舍考选制度

（1）三舍考选制的建立与发展。宋初，朝廷只有一所学校即国子监，专教京官七品以上的子弟，分习五经。国子监学生称为监生，太祖开宝年间（968～976年）仅有70余人，其后以200人为定额。但由于这些官僚子弟待遇丰厚，并不认真读书，目的只是以此为阶梯，享受保送省试的权利。以后宋朝又设立了太学，限八品以下官吏的子弟和平民中的优秀者入学（当时太学由国子监掌管）。庆历四年（1044 年）四月，仁宗接受臣下建议，批准太学独立。神宗即位后，非常重视儒学和太学教育，于熙宁四年（1071 年）接受了王安石的建议，诏令太学实行三舍法。

三舍法规定，太学生初入学，为外舍生，定额 700 人；外舍升内舍，定员 300 人；内舍升上舍，定员 100 人。太学生有学官管理、教育，并由太学提供伙食和医疗服务。各生员每月参加一次由学官自行出题的考试，称为私试。私试成绩分优、平、否三个等次，优等者依次升舍。神宗元丰二年（1079 年），具体制定了三舍法条例。规定三舍生员均须经过考试才能入太学。每月举行一次私试，每年举行一次公试，公试由朝廷派官主考。外舍生成绩为优、平者，可升内舍生。公试后隔一年再举行一次考试，成绩仍分三等。两次考试均优，升上舍生，定为上舍上等，并直接授官。

哲宗即位之初，高太后听政，下诏废除三舍法取士制。哲宗亲政后，又恢复了三舍法。徽宗时诏令取消乡试和省试，并将全国学制分为三级：县学、州学和太学，均用三舍法考试。这样，三舍法就成了科举取士的唯一途径。

至徽宗宣和三年（1121 年），州县学已实行了 18 年之久的三舍法制被废除，贡举制度得到了全面恢复，但太学依然实行三舍法考试制。从此，宋代两种考试制度并存：一是贡举制，一是太学三舍法考试制。它们互相补充，为朝廷培养了一批又一批的官吏。

（2）对科举制的改革。宋代，通过贡举制和三舍法考试制培养和选拔了大批官吏，使官员数量不断膨胀。科举取得功名，有功名就可做官，做了官就有了许多政治、经济特权，就可发财致富。这对社会各阶层人士（包括家贫者）颇具吸引力，因而竞争之激烈是可以想见的。

随着竞争的激烈，科举考试中的弊病也就层出不穷，屡禁不止。一是怀挟文字。举人预先将准备好的文章用细小字写在一张小纸条上，揣入怀中，以备考场上抄袭。或者几名举人敛钱数千，预先雇一人虚作举人，混入考场。考试时，他将怀挟的文章暗中传与应举者，这样，如事不败露，大家均获利；如事败露，受雇者权作替罪羊，应举者不受任何处分。二是代笔作文。代笔作文实际上是请人代考。舞弊方法多种多样，如顶替应举者姓名进入考场，或应举者自己考完再替别的应举者撰文。三是买通考官。应举者用重金贿赂或买通考官，预先探听题目，以便有的放矢地进行准备；或者在考官的默许下，将预先准备好的文章带进考场。四是买通誊录人员。应举者花钱买通誊录人员后，就可把答卷抽出来，而将预先准备好的文章交誊录人员誊录。

科举考试造成的大量冗官和各种弊病的屡禁不止，引起了朝野上下有识之士的不满。他们或者试图对科举制度进行一些改革，或者对科举制度进行抨击。

北宋前期，著名政治改革家范仲淹和王安石当政时，竭力反对官吏循资升级和考试注重诗赋的做法。认为官吏循资升级，无所作为，一心只保乌纱帽，而不关心国计民生；科举考试注重诗赋，只能培养士人死记硬背，考试时必然出现各种弊病。提出对官吏和举人，都要注意道德品质和实际办事能力的审核与考查，并在变法中付诸实践。如范仲淹主持新政时，规定进士科的考试先考策，次考论，三考诗赋，取消了单纯考背诵、记忆能力的帖经和墨义。又如熙宁四年，在王安石变法的推动下，宋神宗诏令取消了诗赋、帖经、墨义的考试，着重考试经义和策论。但由于守旧派的激烈反对，范仲淹的改革和王安石变法实行不久都失败了，原来的选官和科举考试制度依然继续贯彻执行，各种弊病有增无已。

宋初，各地未设州学、县学，这就为自唐以来日益兴盛的书院提供了发展的机会。当时，地方上一些有名的贤士大夫，纷纷选择名胜之地，建堂舍，收揽学子，并在其中讲学，出现了许多有名的书院。坐落在庐山脚下的白鹿洞书院就是其中之一。

白鹿洞书院在办学的过程中，认识到科举制度的弊病，提出了自己的宗旨："希圣希贤"。又提出，学子不能仅在章句、训诂之学上下工夫，而应注重学以致用。著名的理学家朱熹就曾批评说，国家建立的学校遍于全国各地，但都不过是追名逐利而已，至于自古以来一直讲的修身、齐家、治国、平天下之道，却从未听说过有谁在执行。白鹿洞书院的学官们还把他们攻击科举的言论写进讲义中。例如，著名的理学家陆九渊在自编的讲义中指出：科举取士，由来已久，许多名儒均由此出，他们虽然所学的都是圣贤之书，但志向却与圣贤背道而驰，实际上是在拼命追求高官厚禄，从不以国事民生为己任。他希望，凡到本书院来就读的学子们都必须认识到这一点，切不可辜负了圣贤们的期望。

朱熹虽然主张读书明理，对科举考试进行了一定程度的批判，但却是一个客观唯心主义者。他把二程（程颢、程颐）的唯心主义理学进一步完善和发展，竭力鼓吹"存天理，灭人欲"，即社会向来有贵贱、贫富、贤愚之分，每个人都不应有非分之想，凡事都要克制自己的欲望，无条件地遵守封建伦理道德，维护封建统治秩序。朱熹的学说适应了封建社会后期统治阶级维护和加强其统治的需要，因此受到宋理宗的特别推崇。这样，程朱理学就占据了统治地位，其学说也就成了科举取士的唯一标准。

4 辽、金、元的科举取士制度

（1）辽代科举制度。辽代科举制创立于辽太宗会同初年。其经过大致是：后唐清泰三年（936 年），晋王石敬瑭以燕云 16 州的代价换取了辽太宗耶律德光的军事援助，夺取了后唐政权，建立了后晋王朝。辽太宗在获得燕云 16 州后，将都城迁至上京（今北京）。这时他发现燕云 16 州官吏奇缺，要想牢固地统治汉人，必须任用汉族知识分子。于是，仿照宋朝科举取士，实施科举制度。

统和六年（988 年），辽圣宗下诏开贡举，进士考试科目为词赋、法律。词赋为正科，法律为杂科，考试成绩按优劣分为三等，即甲、乙、丙三科。至统和二十年（1002 年），贡举一般是一年一试，每年所录取的进士不超过 10 名。这种情况的发生，很可能是由于当时宋辽战争频繁，社会秩序混乱，人心不稳，应举者数量太少的缘故。

以后，随着澶渊之盟的订立，和平局面的到来，辽朝处于相对稳定时期，社会风气也由崇武转向重文，辽兴宗朝，对科举制度进行了一些改革。主要是改以词赋与法律取士为以诗赋与经义取士，改一年一试为三年一试，科举取士的数量便日渐增多。

重熙五年（1036 年），辽兴宗亲临礼部贡院策试进士，赐冯立等 49 人进士及第，这是辽代御试的开始。辽代给予进士很高的荣誉，进士放榜后，皇帝要亲自接见，赐座和酒，竭力使士子们心甘情愿地作朝廷的驯服工具。

辽初，在上京置有国子监，监北有孔夫子庙，以后又陆续恢复、扩建和兴建了太学、州学、县学，设有学官，招收生徒，规定《五经传疏》作为必读课本。学校的建立，为科举制的实施打下了良好的基础。辽代科举制有乡、府、省三级考试。乡试取中者称为乡荐，府中者称为府解，省中者称为及第。省中之后，方可参加皇帝御试。

（2）金代科举制度。宋徽宗宣和五年（1123 年），金太宗即位，改元天会。当时，金在对辽的战争中取得了一连串的胜利，在对外交涉中又看穿了北宋皇朝虚弱、腐朽的本质，使刚即位的太宗大受鼓舞。他认为，灭辽宋、一统天下的日子已屈指可数了。于是，太宗祭起以文治国的大旗，下令在金统治区域实行科举取士，考试科目有词赋、经义、同进士、同三传、同学究，考试不限定月日，处所也不规定府、州。后来，金太宗又因原来辽、宋地区实行的科举制度不尽相同，便诏令南北两地各按其所习之业取士，号为“南北选”。海陵王时期，又将“南北选”合二为一。

金代把学校看作王政的根本，十分注重学校教育。天德三年（1151 年），中央设置国子监。此后又分置太学、府学、州学。

金朝前、中期，科举考试分为四级，即乡试、府试、会试（犹如宋朝的省试）、御试。明昌元年（1190 年），金章宗废除了乡试。

进士是金代科举中的重要一科。与辽代不同（辽廷不准契丹族参加科举考试），金在世宗时即设女真国子监、女真国子学、女真府学，后又创立女真进士科，三年一试，一如宋制。

金熙宗皇统年间（1141 ~ 1149 年），金设置武举，分上、中、下三等。

（3）元代科举制度。元代科举制度，虽如一些学者所指出的，由于统治者执行严厉的民族压迫政策，而陷于中落期，但其独尊程朱理学，却为明清两朝所承袭。

元代是在元仁宗皇庆二年（1313 年）开始实行科举的。

宋理宗端平元年（1234 年），元军灭金朝、占领北方广大土地，元太祖成吉思汗的儿子、大汗窝阔台就命臣下以经义、词赋、论三科对儒士进行考试，并录取 4030 人。

元世祖忽必烈对宋、金儒士颇为不满，采取疏远、排斥甚至弃而不用的方针。因此，终世祖一朝，科举取士未能实行。不过，在元朝统治区的许多郡县设置了学校，中央立有国学，生员都是官僚贵族的子弟。仁宗实行科举制度以后，规定国学生必须在校就读三年以上才有贡举的资格。

元仁宗皇庆二年，诏令正式实行科举取士，规定举人首重德行，考试要以经义为先，其次才是词章之学。次年，又把科举考试定为三年一次，实行乡试、会试、御试三级考试。乡试一般在当年八月举行，录取 300 人；会试于次年二月在大都（今北京）举行，录取 100 人；御试在三月举行。

三级考试中，无论哪一级考试，蒙古、色目人都与汉人、南人分场考试。这是元朝统治者采取的民族歧视和民族压迫政策在科举制度中的反映。元朝统治者在全国确立统治地位后，把人分为四等：第一等是蒙古人；第二等是色目人，包括西夏、回回等西北各少数民族，以及一部分留居中国的欧洲人；第三等是汉人，包括契丹、女真、高丽和原来金统治下的汉人；第四等是南人，指南宋统治下的汉人和西南各少数民族。在中央和地方各级官吏机构中，大权均由蒙古人和色目人把持，汉人和南人仅处于陪衬和无权的地位。

在乡试、会试中，蒙古、色目人只考两场："经问"五条，策一道；汉人、南人则须考三场："明经"和"经疑"二问，经义一道，古赋、诏、诰、章、表。御试时，四种人虽都考试策问一道，但蒙古和色目人仅限500字，而汉人和南人则必须在千字以上。元代在科举考试中，采取的一个最重要的措施就是考试题目都从"四书"（即《大学》、《论语》、《孟子》和《中庸》）中出，同时又以朱熹的《四书章句集注》及理学家对《诗》、《书》、《易》的注解作为评判答卷的唯一标准。乡试合格者称为举人，会试合格者称进士。御试一般录取五六十人，分为三甲：第一名赐进士及第，第二名以下赐进士。发榜后，皇帝要召见新中第的进士并赐宴；到孔庙行礼；在国子监石碑上刻名。另外，在发榜问题上也体现了元代的民族歧视政策。由于蒙古人以右为上，蒙古人、色目人便列为一榜，称为"右榜"；汉人、南人列为一榜，称为"左榜"。再者，统治者对蒙古人、色目人还有一条优待政策，即愿意参加汉人、南人的考试，中选者均加一等授官。

与宋代一样，元代的乡试和会试也采取试卷糊名、誊录等办法。这主要是针对汉人、南人的，对蒙古人、色目人限制较松。因此，科场中蒙古人、色目人作弊的现象更为严重和突出。

至顺四年（1333年）六月，元顺帝即位。两年后，他独任伯颜为丞相。伯颜一贯专横跋扈，排挤汉人，多次对顺帝说，汉人读了书就欺负蒙古人。有一次他要找自己的汉人马夫，问了许多人都说不知道在何处，还有的说已好久不见此人了。隔了几天，马夫出现了。伯颜一问，才知道马夫是去参加科举考试了。这使他怒不可遏，心想科举要都让汉人占据，蒙古人定要遭殃了，于是决心废除科举制。在伯颜的鼓动下，顺帝于元统三年（1335 年）十一月下诏停止科举取士。直至至元六年（1340 年），顺帝任命亲信脱脱为丞相后，改变了排汉政策，才又恢复了科举取士。至正元年（1341 年），顺帝亲试进士 78 人。此后，元朝统治每况愈下，民族矛盾和阶级矛盾日趋尖锐，科举制度也不发挥作用了。

总之，元代科举制度自仁宗皇庆二年（1313 年）始，至顺帝时元朝灭亡（1368 年）止，共实行了 50 年左右。据有些学者统计，科举 16 次（中间两次停科），取士 1200 余人，而由进士入官者不超过 1%；具有很高文化素养的汉人，因科举入官的更少，成为重臣的绝无仅有。这使许多汉族士人极为沮丧，前途渺茫，不再用心读书，自然也就促进了科举制度的衰落。事实上，造成这种状况的根本原因是元朝统治者竭力推行的民族歧视和民族压迫政策。

然而，历史早已证明，一个新兴的制度在未得到充分发展时，是不会轻易灭亡的。自唐宋发展起来的科举制，在元代经过短暂的中落以后，到了明代，不仅得到了恢复和发展，而且走上了它的鼎盛时期。

四　科举制度的鼎盛期

洪武元年（1368 年）明皇朝建立以后，科举制度得到了恢复和发展。主要原因是：

（1）明太祖朱元璋在建立明朝的过程中，一方面看到旧有的官僚机构已被打碎，新的官僚机构亟须重新建立；另一方面又认真总结了元朝设官不任贤，造成国家衰亡的历史教训，指出治国之根本在于取得贤能之才，得贤才则国家治，失贤才则国家乱。这就需要通过科举，取得贤才，建立新的官僚机构，以统治全国人民。

（2）明太祖为维护专制皇权，加紧强化思想统治，大力提倡程朱理学。而恢复和发展学校、科举制度，不仅是最好的实践，而且能把士人吸收到程朱理学中去，进而达到笼络、钳制士人的目的。

（3）由于明太祖、明成祖父子两代推行休养生息和发展生产的一系列措施，明代的社会生产力得到了突飞猛进的发展。洪武二十六年（1393 年），全国包括官田、民田、旧额、新垦在内的田土已达 800 余万顷，比元末增加四倍多；税粮也达 3200 多万石，比元代增加两倍。明成祖永乐（1403～1424年）时，布帛、丝绢、棉花绒等产量也大大超过了元代，并成为明朝赋税的重要组成部分。经济实力的增长，必然促使地主阶级的参政欲望加强。这对科举制度的恢复和发展也是一个巨大的推动力。

明代的科举考试程序与宋代一样，均分三级，但仍有一些不同之处：第一，学校的作用不同。唐宋时期，学校仅是儒士参加科举的途径之一，而明代学校成为科举考试的必由途径，成为储才备官的机构。第二，考试内容的更新。明代明确规定专取四书五经命题；考生答卷必须以朱熹的注解为依据，代圣立言；文章体例必须用八股文。第三，考试规则进一步严厉。宋代的糊名、锁院制度不仅为明代所继承，而且明代制订了更为严厉的规则，其严厉程度甚至达到了污辱人才的地步。

1 明代荐举、科举和学校并行的选官制

朱元璋早在元末加入红巾军起义的时候，就非常注意收罗怀有治国安邦之才的士人。陶安、朱升、宋濂、刘基等著名儒士，先后集结在他的帐下效力。如“高筑墙，广积粮，缓称王”的三字诀就是徽州硕儒朱升的建议，它使朱元璋既避免了成为各路反元诸侯的众矢之的，又使他在暗中集聚力量、扩大队伍、发展势力，为其后一统天下打下了坚实的基础。朱元璋在

攻下宋代理学中心婺州（今浙江金华）之后，特聘当地10余名儒士为其讲经谈史，从而坚信程朱理学是治理天下的唯一思想武器。

吴元年（1367年），吴王朱元璋命人携带币帛四处收罗贤士，同时又发布设文武二科取士的令旨，要地方官吏劝说民间儒士和智勇之人勤奋学习，以待建国后开科取士时至京师考试。这说明朱元璋在夺取全国政权的前夕，既把科举取士作为重要大事来抓，又注重收罗贤才（即后来的荐举）。荐举与科举，在明朝建立之前，就已有机地结合在一起了。

明朝建国以后，明太祖朱元璋于洪武三年（1370年）诏令实行科举考试。他指出，汉、唐、宋取士虽都有定制，然而一个共同特点是重诗赋和文学，轻品德和才干；元代科举为权臣豪族把持，所录进士都是阿谀奉承和纳贿之人，真正有学问和才干之士都不屑与之为伍，而甘愿隐居山林不出来做官，风俗之弊达到了令人难以容忍的程度。太祖宣布，自本年（1370年）八月始，实行科举考试，务要录取博通古今、才学名实相符者，皇帝还要在朝堂亲自策试，按等第授官。他还明确规定，此后朝廷内外文臣都必须经过科举考试，凡未经科举者不得授予官职。接着，京师（今南京）和各行省纷纷举行乡试。第二年，会试时取中120人，并由明太祖在奉天殿亲自殿试，选拔吴伯宗为第1名。这次考试还在午门外张贴黄榜，在奉天殿宣读皇帝谕旨，又在中书省赐宴，仪式异常隆重。之后，明太祖授予吴伯宗为礼部员外郎（礼部副长官），对其他录取者也授予不同官职。

这次考试之后，明太祖以天下初定，亟须建立新的官僚机构，而官吏奇缺，又诏令各行省连试三年，举人均免会试，直接入京听候选派。后来，明太祖发现科举取士所得多是一些后生少年，既无实践经验，又缺乏治国才干，觉得还是荐举好，便于洪武六年（1373年）下令弃置科举，独行荐举。他在诏书中说：贤能之士才是国家的宝贝，缺少贤才则国家不治；鸿鹄之所以能远走高飞，就因为它们有羽翼的帮助；人君之所以能使国家达到大治，就是因为有贤才辅佐的缘故。为此，明太祖命令各级官吏认真荐举贤才，标准是德行第一，才学第二；所设科目有聪明正直、贤良方正、孝悌力田、儒士、孝廉、秀才、人才、耆民，凡选中之人，均礼送京师，予以任用。

明太祖的荐举令一下，朝野上下闻风而起，纷纷推荐人才，由平民百姓一举登上高官者不可胜数。据说，当时90余岁的老儒鲍恂、余诠、全思诚、张长年等被送至京师后，立刻就被委任为文华殿大学士，贤良郭有道、秀才范敏、儒士张子源等一大批人分任各部尚书及其以下官吏。江苏吴县香山人蒯祥是个木匠，手艺高超，被荐举后官至工部侍郎。成祖永乐年间，他参加了北京天安门和皇宫的修建工程，被誉为“蒯鲁班”。蒯祥的徒弟个个都是能工巧匠，江南许多有名的园林大多出于他们之手。当时，经吏部荐举得官的就3700多人，荐举少的部也有1900人。有些富户、儒士晋见皇帝后，只要奏对得当，即刻授予官职。明太祖为缓和民族矛盾，还改变了元朝的民族歧视政策，选取一些品德才学均好的蒙古人和色目人为官。当然，对于那些不愿为明朝统治服务的士人，明太祖便毫不留情地用诛灭全家的严刑予以制裁。

洪武十五年（1382 年），明太祖认识到荐举所举者大多不称职，相比而言，科举取士还是可行的。于是，下令恢复科举制度。两年之后，明廷制定了科举成式，由礼部颁行全国。从此，科举制走上了正常发展的轨道，但荐举依然未被取消。洪武十九年，明太祖又从州县选取 1400 多人到京师做官。建文（1399 ~ 1402 年）、永乐（1403 ~ 1424 年）年间，明廷也不时地在各州县选拔人才。例如，著名学者杨士奇、陈济就是以平民百姓身份就任《明太祖实录》总裁官的，说明朝廷仍在不拘资格地选用人才。永乐以后，科举所占比重及其地位日渐加强，而荐举日益受到冷落，许多能文之士均以科举登第为荣，遇到荐举时往往托辞不就。到明宣宗宣德（1426 ~ 1435 年）、明英宗正统（1436 ~ 1449 年）年间，荐举制度已基本上废弃不用了，明代的选官完全由科举承担。

元顺帝至正二十五年（1365 年），朱元璋在南京创办了国子学。洪武元年，又令有品级的官员子弟及民间才学优秀者入国子学充任学生，并明确规定，各府、州、县学诸生只有入国子学者方可获得官职，否则就不能当官。这样，就改变了学校的性质。正如一些学者所说，学校在明代以前只是为科举输送考生的一个途径，而在明代却成了科举的必由之路。《明史·

选举志一》所说的“科举必由学校，而学校起家可不由科举”正是对这一情况的高度概括。

洪武十五年三月，改国子学为国子监。入国子监学习者，通称为监生：举人入监的称举监，生员入监的称贡监，有品级的官员子弟入监的称荫监，捐资（银两）入监的称例监。为了培养监生处理政务的能力，明廷还常常选派其中成绩优异者到各部及下属单位实习吏事，称之为“历事监生”。实习之后，他们大多被授予中央和地方官职，主要为府、州、县六品以下官。国子监生如此受重视而又大量委以官职，在明代以前的历史上是绝无仅有的。

永乐元年（1403 年），明成祖在北京设立国子监，十八年迁都北京后，将原京师（南京）的国子监称作南京国子监，北京（取代南京称作京师）的国子监称作北京国子监，自此，有“南监”和“北监”之称。国子监的学官主要有祭酒、司业、博士、助教等职。祭酒、司业主管监生训导之政令，相当于今天的正、副校长；博士负责讲经授课、考试；助教负责管理国子监下属六堂事务。此外，还有监丞（主管训导事务，相当于今天的教务长或教务主任）、典簿（主管总务，相当于今天的总务主任）、典籍（主管图书，相当于今天的图书馆长）、典馔（主管伙食）。

国子监授课方法大致如下：每天早上，祭酒、司业端坐堂上，其他人员按顺序站立。然后，由诸生轮流向学官作揖致敬，听取他们讲授经史。监内每月只有朔（初一）、望（十五）放假两日，其他日期都有会讲、复讲、背书等活动。

国子监所习功课，有“四书”、“五经”、《御制〈大诰〉》、《大明律令》，以及刘向的《说苑》等书。四书五经是维护封建伦理道德的经典著作，向来是士人的必读课本。明太祖对《孟子》却取贬斥态度，对书中“君视臣如草芥，则臣视君如寇仇”（《孟子·离娄》）两句，极端专权的明太祖恨得咬牙切齿，他骂道：如孟子老儿活到今日，必成刀下鬼。他还下令将《孟子》一书中不利于君权的几十条文删去，编成《孟子节文》，令士子阅读。相反，明太祖对《春秋》却大加赞赏。他说：孔子作《春秋》，讲明三纲五常，是治国、修身的根本，如不精通该书就不能处置大事、解决大的疑难问题。他再三要求诸生努力研读《春秋》，并把它作为自己今后从政的指南。国子监每月都要进行考试，所出试题是：经义、书义各一道，诏、诰、表、策论二道。每个监生每天还要坚持练习书法，字数限定为200字，所用字帖都是王羲之、王献之、颜真卿、柳公权等著名书法家所写。

国子监的学规相当严格，违犯者要受严厉处罚。监生每天必须在监内住宿，如因事外出，必须向本班学官请假，并得到祭酒的批准。如果监生有过错，第1次由监丞写在《集愆（音qiān，意过失）簿》上；第2次再在《集愆簿》上书写一笔；第3次要受到竹板的“教训”；第4次就要被开除出监，而且还要充军、罚作苦役。监生回家探亲或结婚，也都按道路远近严格制定出期限，逾期不归者要罚作苦役。

据说，国子监第一任祭酒宋讷待学生极为严苛，规定患病不能行走者可令膳夫送饭；若无故不来就餐者，不与其全天饮食。结果许多学生被饿死，甚至有自缢而亡者。学官金文征多次规劝无效，便与同乡、吏部尚书余炕合谋，逼迫宋讷退休。宋讷愤愤不平，离京前向太祖揭发此事。太祖勃然动怒，立斩余、金等人。余怒未息，在国子监门前立一长竿，规定闹事的学生格杀后即将首级挂于竿上示众。此竿一直立了126年之久。正德十四年（1519年），明武宗南巡经过南京国子监，一眼瞥见门前一根长竿，正不知有何用途时，身旁一位官员赶紧点明究竟。武宗这才如梦初醒，但转念一想，学校当刑场有辱圣贤，一边说有哪个学生敢违抗朝廷法令。一边下令撤除这根长竿。

明代的学校，除了南、北国子监外，地方上有府、州、县学。洪武二年，明太祖下谕旨说：学校的教育，在元代弊端百出，致使学校名存实亡；元末以来，人们都是在战争中度过的，只知有干戈，而不知有学校。他郑重宣布，治国要以教化为先，而教化要以学校为本。他下令在各地大建学校，又规定了学官和生员的数量，及学校的授课内容。

地方学校中主要的学官，府设教授、州设学正、县设教谕各1人。他们之下设有训导负责对学生的教训和指导。府、州、县学学生称为生员，俗称秀才。师生按月领取廪食米，人均6斗，还有一些鱼肉，学官还有一定数量的月俸。各府、州、县学每年都要保举一些生员入京考试，成绩为优等者可入国子监读书，不合格者遣还回籍，他们的学官也会因此受到处分。

府、州、县学生员的入学考试，最初由各府州县官主持；国子监生员的入学考试，则由巡按御史和布政司、按察司主持。正统元年（1436 年），明廷开始特置提学官，主持考试。学规相当严格。生员每人专治一经，以礼、乐、射、御、书、数设科分教。三年有二次大考，即岁考和科考。岁考成绩分为六等，前二等的生员可以参加科考，成绩低劣者可以除名；科考成绩也分为六等，头二等者可以参加乡试（又称“录科”）。

生员最初都按月领取廪食米。后来，明廷为了鼓励生员求学上进，重新规定岁、科两次考试中凡在头二等者，朝廷才供其廪食米，由此他们被称为廪生；以后，朝廷又把廪生的名额加以扩大，这扩大部分的生员被称为增广生员，简称增生；随着学校规模的扩大，人才日多，明廷又额外增加录取了一些生员，附在诸生之末，由此这部分人被称为附学生员，简称附生。生员入学 10 年后，依然学无所成或者犯有大过，就要送部充吏，并追夺廪食米；如犯有受赃、奸盗、嫖娼、居丧、娶妻妾等，直隶的生员发充国子监膳夫，各省的生员发充附近儒学膳夫、斋夫，满日为民，均要追回廪食米。对于屡次考试不中而又年过 50 岁和愿告老还乡者，由朝廷给予冠带，终身免除赋税和差役。

未能入州、县学的士子，不论年龄大小，一律称为童生，其中确有才学者，可相机参加乡试。

明代，除国子监和府、州、县学外，还有宗学、武学和社学。

宗学是为宗室子弟设立的学校。按规定，宗室中弱冠者（不足20岁者）均可入学，所习功课为《皇明祖训》、《孝顺事实》，并兼习四书、五经和《资治通鉴》等。宗学学生允准参加乡试，成绩及格者也可录取。

社学是为民间子弟设立的学校，创立于洪武八年。社学是由乡里聘请儒师，为民间子弟讲授《孝经》、《小学》诸书，同时又令他们兼读明太祖的《御制大诰》，以及明廷颁布的一些律令。英宗正统年间，明廷又规定社学学生可以补授府、州、县学生员。孝宗弘治十七年（1504年），各府、州、县均建立了社学。

武学是为武官子弟设立的学校。正统年间，明廷同时在南京和北京设立武学。思宗崇祯十年（1637年），明廷令府、州、县学均设武学生员，由提学官一体考取。

明中叶以后，明朝统治已呈衰败征象，土地兼并日趋尖锐和激烈，许多农民纷纷破产。在皇室、王公勋戚大肆抢占土地的浪潮中，各地学校的生员也不甘落后。有的县只有10万顷地，而生员却霸占了一半，故而他们被当地人称为刁泼无耻、恣意非为的“学霸”。明神宗万历元年（1573年），张居正任首辅（内阁首席大学士）。他为了缓和阶级矛盾，挽救明朝统治的危机，从各方面进行了改革。其中，对学校的整顿就是一项重要措施。

首先，张居正下令核减生员，黜革了一批“学霸”。他规定：此后每年的考试，对生员要严加审核，如有荒疏学业，无培养前途的，即令停学，决不姑息；各府、州、县学在招收生徒时，必须经过三场严格考试才准入学。其次，大力整顿学官。张居正明令对各府、州、县学学官进行考核，一旦发现无真才实学、年老怠惰而不称职者，一概予以革退；但对其中某些学官虽学业荒疏但年力尚壮者，可送至国子监深造。张居正自信地认为，他的这些措施如坚持10年，选录的人才则不可胜数。可惜，面对守旧势力的顽固、激烈对抗，张居正对学校的整顿和其他改革措施一样，在他死后大多被取消了。

2 明代的乡试、会试和殿试

朱元璋建立明朝以后，极力赞赏四书五经，称它们和农家五谷一样，成为家家不可缺少的东西。因此，在科举考试中，他下令专取四书五经命题，考生答卷必须“代圣人立言”，也就是说，只能用孔夫子的思想和言论写文章，不准许发表自己的意见，更不能提出见解。文章体例要用排偶，要讲对仗，而不能写成一般的散文。这就是明清两代一直沿袭使用的八股文。由于资料缺乏，八股文现在已经非常不容易找到了，我们只能从目前保存的一些清代试卷中，窥测八股文的内容（正是这个原因，八股文的一些具体情况就留待下一部分谈了）。至于明清两代八股文的发展脉络及其异同点，恐怕更是很难有人说清楚了。

明代的试卷之首，要书写考生父祖三代姓名、籍贯、年龄及本人所习经书名称，还要加盖本人所在州县的印记。考生于考试日当天入场，禁止代人答卷或冒充别人姓名入场。考生如在白天尚未答完试卷，晚上可领取三支蜡烛继续作答。书写过程中，必须回避皇帝的姓名、庙号，也不许谈及自己的身世门第。试卷采用糊名、弥封，弥封编号作三“合”字。考生一律用墨笔（毛笔）答卷，称之“墨卷”。誊录者一律用朱笔（红笔）誊录试卷，称之“朱卷”。考场所在地称为贡院，考场称为号房。门外有一军士守门，称为号军。考官和考生们进入考场之后，贡院内所有的门户全部上锁。考场门外的提调官、监试官等称为外簾官，门内主考官、监生官称为内簾官。

明代的科举考试有三级：乡试、会试和殿试（又称廷试），每三年考试一次。

（1）乡试。省一级的考试，又称乙科。南、北两京乡试时，主考官由翰林充任；各省的主考官最初是在儒士内选拔明经公正者充任，景泰三年（1452 年）令布政司、按察司会同巡按御史从现任教官中推举年龄在 30～50 岁而又有文学素养者为主考官。由此，教官主持考试就成了定例。乡试逢子、午、卯、酉年八月在两京府（南京为应天府、北京为顺天府）和各省省会举行，故又称“秋闱（音 wéi，意考场）”。明代还习惯地称南京乡试为“南闱”、北京乡试为“北闱”。

乡试录取名额，太祖时未有明确规定，只按成绩优劣决定。仁宗洪熙元年（1425 年）始有定额，以后又渐有增加。到英宗正统年间，南北直隶定为100名，江西为65名，云南为20名；嘉靖年间，云南增至40名，贵州最少为20名；隆庆、万历、天启、崇祯年间，两直隶增加到130余名，其余各省均有增加，但最多不超过100名。乡试取中者称为举人，第一名俗称解元。举人在明代颇受人尊重。

（2）会试。中央一级的考试，又称甲科。乡试的第二年，举人会聚京师，参加中央级的考试，所以称为会试。会试由礼部主持，逢丑、辰、未、戌年春季二月举行，故又称“礼闱”或“春闱”。会试第1名称会元，其他录取者为贡士。

会试取士，最初并没有南北地域之分。洪武三十年（1397年）会试，考官刘三吾等录取52名儒士，全部是南方籍人。太祖得知信息，认为考官有意偏袒南士，贬抑北士，下令将主考官和有关人士处死或从军，并亲自阅卷和主持廷试，录取61名，但都是北方籍儒士。洪熙元年，即位不久的仁宗即与大臣杨士奇等讨论科举之弊。杨士奇建议，会试定南北卷取士。也就是说，会试时，按举人的籍贯分成南卷和北卷，并分配录取名额，以求在地域上保持平衡，缓和南北儒士的矛盾。但仁宗未及采纳就去世了。继立为帝的宣宗采纳了杨士奇的建议，制定了录取名额的百分比：南人60，北人40。以后，又将试卷定为南、北、中卷，它们各占的百分比是：北卷（北直隶、山东、河南、山西、陕西儒士的试卷）35，中卷（四川、广西、云南、贵州及凤阳、庐州二府，徐、滁、和三州儒士的试卷）30，南卷（除上述地区之外的儒士试卷）35。会试取士的这一改革，调动了北方儒士参加科举考试的积极性，在一定程度上缓和了南北儒士的矛盾，从而有利于稳定和加强明朝的统治。

明代的乡试、会试均分三场进行。初场考试经义四道、四书义三道。四书必须采用朱熹著的《朱子集注》；永乐年间，明廷又颁布了《四书五经大全》，作为士人科举考试的必读课本。第二场考试论一道，判五道，诏、诰、表各一道。第三场考试经史时务册五道。

（3）殿试。会试的录取者还要由皇帝亲自殿试，也叫廷试。殿试只考试策问一道。宪宗成化八年（1472 年）以前，殿试均在三月初一日举行；成化八年因悼恭太子建议，宪宗下令殿试改为三月十五日，此规定一直延续到明朝末年。殿试时，翰林及朝臣中有很高文学素养者充任读卷官，并参与阅卷，拟定名次，以供皇帝裁决。发榜时，他们在殿前举行的唱名典礼上，宣读录取者的名次，称作传胪。录取者通称为进士，名次等第分为一二三甲。一甲前 3 名为状元（或称殿元）、榜眼、探花，均赐进士及第；二甲为赐进士出身若干人，第一名称传胪；三甲录取名额不定，均赐同进士出身。殿试又称甲科，故所发之榜又称为甲榜。殿试后，皇帝要赐诸进士宴，宣宗以后一般在礼部进行。还要为一甲 3 名的进士授予官职：状元授翰林院修撰，榜眼、探花授翰林院编修。二三甲的进士不能立即授官，但可以参加翰林院庶吉士的考试，称为“馆选”，考取者均为翰林官，未考取者或授给事中、御史、主事、中书、国子博士，或授府、州、县的一些官职。至于未被录取的举人（会试落第者），有的可入国子监读书，以待下次参加科举考试；有的可立即授予京师的小官，或授府、州、县的一些官职，也可以授予学校教职。

总之，明代的秀才已具有了一定的政治地位，迈出了做官的关键一步；乡试和会试中举者，均可做官，从此跻身于统治集团之中，继续做着升官发财的美梦。

明代科举场上还流传着“两榜出身”和“连中三元”的佳话。在科举考试场上，既通过乡试（乙榜）中了举人，又通过殿试（甲榜）中了进士并最终获得官职的儒士，就称为“两榜出身”。凡是中乡试第一名（解元）、又中会试第一名（会元）、再中殿试一甲第一名（状元）的儒士，被称为“连中三元”（解元、会元和状元）。据史籍记载，明代277年间，连中三元的只有洪武年间的许观和正统年间的商辂2人。统治阶级拼命宣传“两榜出身”和“连中三元”的目的是以此给广大儒士作个样板，使他们一心只读圣贤书，一天从早到晚满脑子想的只是如何通过科举考试而升官发财。这显然是通过笼络知识分子，进一步加强和巩固专制主义中央集权。

（4）庶吉士。前述二三甲的进士不能立即授官，而要参加翰林院庶吉士的考试，之后或授翰林，或授低级官职，这似乎对他们来说没有多大意义。实则不然，明代这一规定完全出于一种储养人才、以备大用的目的。

庶吉士是明代翰林院所属机构庶常馆学员，或称庶常，掌管诰敕之事。自永乐二年（1404 年）始，庶吉士专属翰林院，明成祖朱棣把翰林院当作官吏储备的机关。据史籍记载，永乐二年的殿试后，学士解缙受成祖之命，选取曾棨（音 qǐ）等 28 人（以应天上二十八宿之数）入翰林院读书，庶吉士周忱以己年幼，请求随入翰林院学习，获得朱棣赞许。明廷对这 29 人给予很高待遇，发给他们笔墨和纸张，每人月钞三锭，供应每日早晚饭食。他们每五日可沐浴一次，外出备有车马。朱棣还经常亲到翰林院督促和检查。他时时提出各种疑难问题，考核 29 人的学习效果。但不久，成祖发现这 29 人追求虚名和浮华，不认真读书，自己命令背诵的柳宗元《捕蛇者说》，竟无一人能全诵。于是决心惩治他们一下，下令将 29 人全部发戍边远地带充军，又令他们去干搬运木材的苦力。这使这些肩不能挑、手不能提的儒士苦不堪言，纷纷表示，如能回京一定奋发上进。朱棣看到自己的惩治目的已经达到，下令将他们召回，重入翰林院读书。这 29 人经此挫折，果然都吸取教训，认真读书，奋发上进。后来，周忱等 10 余人都成为有名望的官吏。

明代“馆选”后，朝廷任命翰林院、詹事府中官阶高而又资历深的一人为教官，称为教习。3 年学习期满，成绩优秀者留在翰林院任编修、检讨，其余的人出任给事中、御史，称为“散馆”。天顺二年（1458 年），英宗规定非进士不准入翰林院，非翰林出身的进士不准入内阁，以及南、北两京的礼部尚书和侍郎、吏部右侍郎等也均须由翰林出身。这样，“庶吉士始进士之时，已群目为储相”（《明史》卷七十，《选举志二》）。事实上，明朝170多名宰相中，由翰林出身者占9/10。庶吉士事实上已成为明朝宰相的后备队了。

明思宗朱由俭即位前后，大厦行将倾覆。为了挽救这一危急局面，年轻的明思宗励精图治，重视任用既有才干又有实践经验的人为官，打破了内阁臣僚专用翰林的旧例。崇祯五年（1632年）五月，翰林出身的大学士郑以伟在一件奏章中看到“何况”二字，误以为是人名，于是找其人提问题，当场为思宗纠正。对此，思宗感到翰林虽有学问，但缺乏办事经验和能力，于是产生了内阁之臣不再专用翰林（即庶吉士）的念头，任用非翰林出身的官吏入内阁办事。以后，他又多次下令从府、州、县官中挑选才学兼优者出任翰林，在一定程度上保证了宰辅的质量。

3 明代的武科取士制度

元顺帝至正二十七年（1367年）朱元璋称吴王时，就下令设立文武二科，要各地方官积极劝导民间习武者应试。这可视作明代开设武举的舆论准备。明朝建立不久，文科取士就开始了，但武科取士迟迟不进行。这固然是因在朱元璋的心目中武科的地位不如文科，更重要的是，朱元璋在元末群雄割据、争夺最高统治权的斗争中，看到了武将的威力和危害。明朝建立以后，摆在太祖朱元璋面前的首要任务，就是如何巩固朱氏家族的统治。他曾表示，要留给太子一根无刺的木杖，并为此费尽了心机，杀戮（或迫令自尽）了一批又一批的文武功臣，拔掉了很多利刺。显然，太祖此时对武举是不关心的。

洪武二十年（1387 年），明太祖诏令设立武学，采用武科取士，一些武臣子弟在各直省应试。英宗、宪宗、孝宗、武宗时，武举考试的时间和内容均因时而异，始终未制定出一个较为完整的制度。

明世宗嘉靖初年，制定了一个武举取士制度：武乡试，各省应武试者于十月考试，由巡按御史主持；南、北两京武学由兵部选取武举人，并将他们送至兵部，以待来年会试。武会试，于次年 4 月举行，由翰林 2 人为考试官，给事中和兵部属吏共 4 人为同考官。武乡、会试的场期，均定在该月的初九、十二和十五日 3 天。两试的考生，从选送到张榜公布，大体按文科的乡、会两试，但规格要较后者小。嘉靖十九年（1540 年），废除了武举乡试，次年又予以恢复。同时又仿照文科的南、北卷例，分边方（边疆）和腹里（内地）两卷，并规定每录取 10 个名额，边方占 6 名、腹里占 4 名。这个规定一直沿用到明末。万历三十八年（1610 年），又规定会试录取名额为 100 人。

万历末年，神宗特设将才武科，并规定初场考试马、步箭及枪、刀、剑、戟、拳搏、击刺等法；第 2 场考试军营、战阵、地雷、火药、战车等项；第 3 场主考官对各武举人所掌握的兵法、天文、地理等方面知识的熟练程度进行考察。

天启、崇祯时期（1621～1644 年），明朝在关外清军节节进逼和关内李自成、张献忠农民军的沉重打击下，内外交困，思宗为挽救将倾之大厦，对武举十分重视。崇祯四年（1631 年），武科会试后落榜的徐彦琦自恃有绝力，到处发牢骚，声称此次录取不公平。思宗得知消息，也怀疑考官营私舞弊，将主考官、监视官逮捕入狱。10 月，另派朝臣重试，录取了 120 人。思宗亲自主持殿试，并以新榜第三名王来聘为一甲一名，以原来的第一名张景星为第二名，以第 89 名为第三名。自此，武举有了殿试，并成为一级考试。崇祯十四年，在清兵和农民军打击下，早已焦头烂额的明思宗，别出心裁地举办奇谋异勇科考试，企图收拢武士，但无一人应试。至此，武举已名存实亡，失去了作用。

明代与宋代一样，也是重文轻武，武进士所获荣宠远不及文进士。

4 科举弊端、文字狱与儒士的两种倾向

（1）科举弊端。与唐宋两代一样，明廷在科举考试中也非常注重防止作弊的现象发生，并采取了糊名、誊录、搜身、磨勘甚至限制大小便等措施，其中有的措施达到了令人难以忍受的地步。如冬天乡试时，考生在天刚亮时接受检查，脱得一丝不挂，从头到脚，

全被检查一遍。检查完，许多人已被冻得全身发紫，浑身打颤；夏天则须站在太阳底下接受检查，经暴晒，考生未及进考场就已头昏眼花，口舌干燥，进考场后又不敢去喝水，生怕被考官以作弊论处，只得喝墨汁解渴。再如会试，明廷为防止营私舞弊，实行锁院制度。这样，从进贡院到考试结束，考生被一锁就是十来天，简直如在牢笼中一般。由于考棚是木质结构，稍不留神，就会有火灾发生。天顺七年（1463 年）会试的头一天晚上，考棚突然起火，贡院内顿时成为一片火海，锁在里面的举人被大火烧死 90 多人。事故发生后，英宗下旨赏给每个死者棺木一口，葬于京郊，墓碑上大写："天下英才之墓"，表达了对被烧死举人的怜悯。此次火灾后，锁院制度仍不废弃，只是考棚变为砖墙、木屋架、屋顶盖瓦的房舍了，显示出明廷杜绝科场之弊的决心。就是这样，作弊之风仍禁而不止，越刮越烈，手段变幻莫测，方法更加隐蔽。明代科场作弊有贿买、钻营、挟带、枪替（即请人代笔）、割卷（调换考卷）、传递、冒名、冒籍等名堂。其中，挟带的水平已超过了唐宋两代：考生事先用蝇头小楷把文章抄写在薄如金箔的纸上，将其藏于笔管、鞋中；或用药汁作墨，把预先写好的文章抄在衣裤上，进入考场后即可抄在考卷上。

明朝统治者在高喊防止科举弊病的同时，实际上自己却在接连演出一系列荒谬丑剧。

永乐二十二年（1424 年）甲辰科殿试，本拟定孙日恭为状元，并奏报明成祖。不料，成祖接见孙日恭时注目凝视了许久，领悟到日恭合起来即成“暴”字，这不是要暴力推翻朝廷吗？20余年前成祖率军南下，以暴力推翻自己侄儿建文帝的情景历历在目。成祖不禁出了一身冷汗，于是大笔一挥，将孙日恭降为第3名探花。同时，又从中找出了一个名叫邢宽的人，把他定为状元，表示为政（刑法）主宽。这真是滑天下之大稽的一件奇闻。

嘉靖十三年（1534年）甲辰科殿试，本定吴情为状元，世宗以“吴”与“无”同音，觉得任“无情”之人为状元，自己不也就成了“无情”人的头子了吗？岂不惹天下人耻笑？正绞尽脑汁寻求对策，忽见殿中悬幡被大风刮起，隐约现出一个“雷”字，认为是上天示警，急忙中一个“秦鸣雷”映入眼帘，龙颜大悦，立即钦定秦鸣雷为状元，而将吴情降为探花。

上梁不正下梁歪。明代的臣僚也几乎没有一个正人君子，就连在历史上颇受赞誉的改革家张居正也行为不端。万历二年（1574年）会试，张居正因儿子名落孙山，这一年就不再考选庶吉士。3年后的会试，他儿子原取为二甲第二名，张居正便指使太监冯保上奏神宗，将其子升为一甲第二名。

皇帝、高级官吏行事如此荒唐，低级官吏就更不必说了。明代著名小说《警世通言》第十八卷《老门生三世报恩》就记载了一段有趣的故事：英宗正统年间，广西兴安县秀才鲜于同，胸藏万卷，笔扫千军，气冲牛斗，但才大命薄，年年科举，岁岁科场，均以落选告终。天顺六年（1462年），兴安知县蒯遇时主持生员考试。弥封阅卷后，自以为很有眼力，选了一个全县秀才所不及的人为第一名。谁知唱名时，出现在众人面前的竟是一个又矮又胖、鬓发黑白相间、其貌不扬的“怪物”——鲜于同。这时全场秀才哄然大笑，蒯知县被羞得满面通红，忍着一肚子气，闷闷不乐地回到了县衙门。当年八月初七乡试时，蒯知县任《礼记》房考官，心想上次自己阅卷“昏了眼”，错取了鲜于同，在众人面前讨了个老大没趣，这次决不取夙学之士，“只拣嫩嫩的口气，乱乱的文法，歪歪的四六，怯怯的策论，愦愦的判语，那定是少年初学”，以后必大有作为。及至发榜唱名时，又是这个鲜于同中了头名。蒯知县好生惊异，心中不悦，亏主考官从中说合，鲜于同才得了第5名。3年之后会试，蒯知县被授礼部给事中之职，参与主考。他心中暗想，自己两次错取了鲜于同，成为终身之玷，这次不再看《礼记》试卷，改看《诗经》试卷，一定能避开鲜于同这个老怪物。不料，这次鲜于同改考《诗经》，又被取中，气得知县“目睁口呆，如槁木死灰模样”！后来，61岁的鲜于同经过殿试，取在二甲头名，被任为刑部主事。

明代，主考官接受贿赂、弄虚作假之事也层出不穷。著名画家唐寅（字伯虎）“做会元”就是一例。唐伯虎聪慧绝伦，学识渊博，书画音乐无所不能，词赋诗文一挥而就，乡试中了解元，又到京参加会试。当时，主考官程某徇私舞弊，公然兜售考题，但又怕士子议论，欲求一才名素著者为榜首，以服众心。于是，他选中了唐伯虎，并暗中许以会元。谁知，唐伯虎生性率直，一次和朋友喝酒时口称自己要作会元了。当时，士子早已风闻程某不法行径，又嫉妒唐伯虎之才，竟起闹事。明廷得报，即将程、唐二人逮捕入狱，唐伯虎的会元梦也就破灭了。

（2）科举与文字狱。明太祖朱元璋建立大明皇朝以后，采取了各种措施，加强专制主义中央集权的统治。在政治方面，他废去中书省和丞相，将一切政治、军事、刑法大权总揽于己手。在思想文化方面，他加强控制，迫害和诛杀了为明朝大业立有功勋的刘基、宋濂、李善长等文人儒士。他“发明”了“文字狱”，企图用其禁锢、钳制儒士思想。相传，杭州府学教授徐一夔在贺表中用“光天之下，天生圣人，为世作则”的漂亮语言大肆颂扬朱元璋。不料，拍马拍到了马腿上。朱元璋接过贺表一看，怒不可遏。原来，朱元璋认为“生”是僧的谐音，这是在揭他当过和尚的老底；“光”为和尚剃光了头发之意，是有意让朱元璋在全国人民面前出丑；“则”与“贼”音相近，是骂昔日反元之贼如今却当了皇帝。这不是在煽动国人叛乱，反对他大明皇帝和大明皇朝吗？于是立即命人诛杀了徐一夔。从此之后，“文字狱”成为明清两代人人闻之色变的恐怖信号。

明太祖死后，他的长孙朱允炆继立为帝，是为建文帝。朱允炆登基伊始，就任用了齐泰、黄子澄、方孝孺等一批举人、进士出身的儒士治国，组成了名副其实的“秀才朝廷”。然而好景不长，朱允炆的四叔朱棣以“靖难”为名，经过四年的战争，夺取了皇位，是为明成祖。随后，成祖朱棣大开杀戒，诛灭齐泰、黄子澄、方孝孺及其宗亲数百人。

（3）儒士的两种倾向。明代，由于科举制度和科场之弊史不绝书，每个考生都受到不同程度的、非人的待遇和束缚，于是，在儒士中出现了两种截然不同的倾向。

第一种倾向。一些先进的知识分子敢于冲破传统的科举制度，摈弃仕途，注重经世致用，李时珍、徐光启、徐霞客、宋应星等人是他们中的杰出代表。

李时珍，湖广蕲州（今湖南蕲春县）人，年轻时3次乡试未中，便继承父祖之业，研究医学。30余年间，他多次深入到大江南北、黄河两岸的产药地区进行实地考察，采集标本，并与800多种医学书籍进行对比研究，纠谬出新，终于完成了52卷《本草纲目》。这部书把我国几千年来的药物学研究推向了一个新的发展阶段，对世界医药学和生物学作出了巨大贡献。

徐光启，上海人，明神宗万历三十二年（1604年）考中进士。此后，他即脱离了仕途，精心研究天文、历算、水利、测量、物理，其中用力最勤的要数农业了。徐光启花费了几十年的心血，写成了《农政全书》。该书既保存了古代农业科学资料，又反映了明代深耕细作的农业生产水平和西方科技知识，对我国、乃至世界农业生产的发展都是一个重大贡献。

徐霞客，江阴人，自幼对地理学产生了浓厚的兴趣。长大后，对科举制度熟视无睹，专心对我国南方和西南地区的名山大川进行研究和考察。他著的《徐霞客游记》，深刻而又细致地记录和揭示了西南石灰岩地区溶蚀地貌的特征，因而成为世界上第一个对这种地貌进行大规模考察研究的科学家，在世界地理学和地貌学史上占有重要地位。

宋应星，江西奉新县人，28 岁中举后即摈弃仕途，从事农业和各种手工业生产技术的研究。他的《天工开物》就是这方面的有名著作。该书出版后，很快流传国外，成为世界科学技术史上的宝贵财富。

第二种倾向。由于科举制度和做官发财相联系，因而颇具魅力，许多知识分子拼命追逐考场，显露出各种丑恶、可悲而又可笑的形象。清初著名小说家吴敬梓在其所著《儒林外史》一书中，对此描写得入木三分、惟妙惟肖，并进行了辛辣的讽刺。该书第三回写到：范进做秀才之前，家里一贫如洗，穷困不堪，住的是不遮风雨的茅草房，12 月的天气只穿着蓏布直裰，头上戴着一顶破毡帽，冻得乞乞缩缩。中了秀才以后，一向最瞧不起他的丈人胡屠户，赶紧拿一副大肠和一瓶酒前来贺喜。之后，范进又参加了乡试，到发榜那天，家里已“没有早饭米”，他母亲饿得“两眼都看不见了”。范进赶紧将家里仅有的一只正生蛋的母鸡拿到集市上去卖。但当“报录人”前来贺喜，范进见自己中了第七名时，竟高兴得发了疯。对此，《儒林外史》描写道：

“范进不看便罢，看了一遍，又念一遍，自己

> 把两手拍了一下，笑了一声道：‘噫！好了！我中了！’说着，往后一交跌倒，牙关咬紧，不省人事。老太太慌了，忙将几口开水灌了过来。他爬将起来，又拍着手大笑道：‘噫！好！我中了！’笑着，不由分说，就往门外飞跑，把报录人和邻居都吓了一跳。走出大门不多路，一脚踹在塘里，挣扎起来，头发都跌散了，两手黄泥，淋淋漓漓一身的水，众人拉他不住，拍着笑着，一直走到集上去了。众人大眼望小眼，一齐道：‘原来新贵人欢喜疯了。’老太太哭道：‘怎生这样苦命的事！中了一个什么举人，就得了这个抽病！这一疯了，几时才得好？’……（众人）来到集上，见范进正在一个庙门口站着，散着头发，满脸污泥，鞋都跑掉了一只，兀自拍着掌，口里叫道：‘中了！中了！’”

类似范进这样拼命追逐科场的事，在明代不胜枚举。《儒林外史》第三回还刻画了一个屡试不第的儒士周进的丑态。周进苦读了几十年的四书五经，始终未能获得一个“秀才”的称号。有一次，他到山东省城看贡院（乡试处所）时，想起自己已60余岁，功名未就，十分悲伤，一头撞昏在墙上。被众人救醒后，又“满地打滚，哭了又哭，哭的众人心里都凄惨起来”。同行者中有两人“一左一右架着他的膀子”，企图将他拉起来。但周进“那里肯起来，哭了一阵，又是一阵，直哭到口头吐出鲜血来”。有人给他拿来一碗茶，他喝了后“犹自索鼻涕，弹眼泪，伤心不止”。这时，有一个人为周进的“精神”所感动，提议每人拿出几十两银子，为他捐一个监生。周进听说，赶紧“爬到地上”，一边向众人磕头，一边说：“若得如此，便是重生父母，我周进变驴变马，也要报效！”

五　科举制度由盛转衰期

明朝末年，战乱频仍，科举考试无从进行。与此同时，在关外由努尔哈赤建立的后金（即清朝的前身）政权，因在民族征服战争中遭到汉人的激烈反抗，故采取了野蛮的屠杀政策。明熹宗天启五年（后金天命十年，1625 年），努尔哈赤下令，后金国凡查出绅衿、儒士，尽行处死，谓“种种可恶，皆在此辈”（《清太宗实录》卷 5）。努尔哈赤死后，承袭父志的太宗皇太极认识到，自古以来，治理国家文武并用，武功以戡祸乱，文教以佐太平，于是下令关外各地的生员都要参加天聪三年（1629 年）九月初一日的考试。此令一下，努尔哈赤刀下漏网的 300 名儒生均往应考，其中 200 人被取为一二三等。天聪八年三月，又考试汉人生员，分为一二三等第，共录取了 128 人。四月，皇太极命礼部对通晓满洲、蒙古、汉书文义的儒生进行考试，录取 16 人，赐予举人称号。但是，这种考试仅是清代科举取士的一种雏形，无论从形式，还是从内容上看，都未成为一种制度。顺治元年（1644 年），清世祖定鼎北京。十月，世祖福临为笼络和收买汉族地主阶级知识分子，消除他们的反抗情绪，在即位诏书中明令沿前朝旧制，实行会试和乡试，从而恢复了一度中断的科举取士制度。二年五月，清军占领南京，摧毁了南明弘光政权，十月在南京举行乡试。同年七月，为消弭江浙一带儒士的“从逆之念”，将乡试推及浙江。三年二月，首届会试在北京举行；三月殿试，傅以渐成为清代历史上的第一名状元。此后，清廷详订科举条例，严防弊端，作弊一经发现，从重惩处。这样，科举制度在清朝又达到了鼎盛时期。但是，物极必反。清代中期以后，随着清朝统治走向没落，科举制度呈现出衰败景象。光绪末年，维新变法已成为一种不可阻挡的潮流，科举制度受到维新之士的群起攻击。光绪三十一年（1905 年）八月，迫于各方压力，德宗下诏停止科举取士。至此，在封建社会中实行了 1300 年的科举制度寿终正寝，退出了历史舞台。

清承明制，科举制度一如明代。不过有几点变化：第一，清代更重视学校教育，皇帝亲往国子监“视学”，并有隆重的“视学”典礼；第二，提高读书士子的待遇，地方官不得对秀才用刑（而明代对大臣且用廷杖）；第三，增设翻译科考试，内容上增加试帖诗；第四，殿试后前 10 名须受皇帝“引见”。

清代的国学与府州县学

与明代一样，清代的学校也是科举取士的必由之路。清沿明制，京师设有国学，作为全国的最高学府；

各直省设府学、州学和县学。

（1）国学。清廷于顺治元年（1644年）定都北京后，将明代北监加以修缮，称为太学，即国学，又称国子监，还称为辟雍。国子监设有管理监事大臣及祭酒、司业（相当于正、副校长），掌颁国学的有关政令，对入监学习的贡生、监生、举人等负有教导责任。司业之下设有：监丞，掌颁肄业规制，考察诸生勤惰等；博士，负责讲授经义，制订有关课程，以及主持考试；助教，协助博士讲经，并负责出题考试；学政，负责平时对师生的考核；典簿，掌管章奏、文移、吏役等事；典籍，掌管书籍、碑文等。

国子监的讲肄之所（即授课、学习处所）是六堂：率性堂、修道堂、诚心堂、正义堂、崇志堂和广业堂。

国子监的肄业生徒有贡生和监生。贡生分为六种：恩贡生，因皇帝恩诏而被起送入监者；拔贡生，每逢酉年由各省学政选拔、经廷试引见而未授官者；优贡生，各省学政每三年从廪生、增生中选拔的才学优异者；岁贡生，由各省府、州、县学中选拔的廪生年长资深者；副贡生，各省乡试中考取副榜者；例贡生，由廪、增、附生中报捐而援例入贡生。监生分为四种：恩监生，由八旗、汉文官学生及算学满汉学生中考取者、听皇帝来监讲学的圣贤（指孔子、孟子）后裔，及武生中俊秀者，都由皇帝恩赐监生。荫监生，凡遇皇帝恩诏，京官四品以上，外官三品以上，武官二品以上者，均准许荫（庇护优待）一子入监读书；大小各官凡因公差委，而不幸在大洋大江、黄河及洞庭、洪泽等湖中遭风身故者，准许荫一子入监读书；七品以上官，因在内洋内河漂没者，在军营办事因病身故者，也准许荫一子入监读书。优监生，增生、附生中择优入监者。例监生，廪生、增生、附生及未入府州县学的优秀儒生中援例入监者。在以上国子监生徒中，最为人们重视的是恩贡、岁贡、优贡、拔贡和副贡，合称五贡。五贡生在清代享有很高荣誉，可以和举人、进士一样出任官职，因而颇受广大儒生的青睐。在国子监肄业的其他贡生、监生，每逢乡试之年，经国子监考试合格，即可参加乡试，乡试合格就能成为举人。

国子监六堂生徒，分为内外两班，内班住居监中，外班散居他处。户部每年都要发放生活费，称为膏火银。同时还要视生徒经济状况，予以适当补助。内外班生徒因事请假外出或回籍，假满回监称为复班；内班生在监学习不足一月者，或无故旷课三次以上者，都要受到降为外班的处分。

国子监授课、考试方法是：每月朔（初一）、望（十五），由国子监博士集诸生讲解经义，并令诸生于会讲之期背诵所习四书、五经、《性理》、《通鉴》等书，每天每个监生还须临摹晋、唐人名帖数百字。博士、助教、学政等每月都要各讲书一次。监内每月都有三次会讲、复讲、背书活动，并周而复始地进行。监内还设有《日课册》，每个监生每十天要将自己的《日课册》送交助教批阅，朔望日还要送交祭酒等查验。月望，祭酒、司业都轮流主持一次考试，考试内容是四书文一篇、诗一首，称为大课。每个季度还有一次季考，由祭酒主持；每月有一次月考，由司业主持。两次考试的内容相同，都是四书、五经文和诏、诰、表、策论、判。每月朔，由博士主持一次考试，内容为经文、经解和策论；每月初三日、十八日，分别由助教、学正等主持一次考试，内容均为四书文一篇、五言诗一首、经文或策一篇。

国子监生在监肄业，称为坐监，各种监生坐监日期长短不一。监生肄业，都以满三年为期。监生坐监期满后，分拨各部院实习政务，称为拨历。实习期间，每三个月考勤一次，一年期满后送交廷试以备录用。顺治三年（1646 年），清廷制订了考核监生的积分法：除了正常的考试以外，每月还要考试经义、策论各一篇，成绩及格者拔置一等。一年中十二次获得一等者为及格，并免拨历，直接参加廷试，优先录用。但因坐监人数日少，积分法很难实行。顺治十七年，清廷废止了积分法。自康熙初年起，清廷又明令停止拨历，规定监生坐监期满，送交吏部参加考试，依成绩高低，分别任用为州同、州判、县丞、主簿、吏目等。从此，各部院就不再有监生了，改为考选精通文理及能写楷书者，将其送至各修书馆，以后按照工作年限及业绩，委以适当职衔，成绩优秀者也可加等任用。

乾隆帝即位，对国子监教育极为重视。他除了亲到国子监祭奠孔夫子外，又多次下谕旨，要师生注重实践，讲求明体达用（即实学），而不能只把眼睛盯在功名、利禄之上。在乾隆帝的督促下，祭酒孙嘉淦严立课程，奖诱备至，同时又选拔九名有真才实学的举人、进士为国子监属官，分别主持六堂，每人主讲一经，当时有“四贤五君子”之称。这样，国子监就出现了“师徒济济，皆备自镞砺，研求实学”的盛况。乾隆六年，《钦定四书文》修成，乾隆帝令将该书颁给六堂，每堂五部，使监生诵习。

嘉庆、道光时期（1796～1850年），清朝统治已呈衰败颓势，国子监也不再注重实学。道光末年，宣宗鉴于监规日渐废弛，住监学生仅百余人，下诏整饬南学，但丝毫未有起色。咸丰年间（1851～1861年），因内忧外患，战争频繁，国子监经费日见短缺，章程也屡次变更。同治元年（1862年）因国子监考试注重文艺（即做文章的技巧、方法），于实学无补，命令考试时要兼考策、论，同时用经、史、性理命题，奖励留心时务的监生。次年，为国子监增拨经费3000两，提高监生的待遇，使文风略有扭转，但却无法恢复乾隆时的风气。光绪十一年（1885年），允许各省举人入监，称为举监，同时又采取其他一些措施，扩大监生范围，但入监肄业者寥寥无几，国子监的衰败，已不可逆转了。光绪三十一年（1905年），在废除科举制度的同时，下令裁撤国子监。这样，国子监教育也就退出了历史舞台。

清定都北京后，顺治皇帝福临对尊孔和国子监十分重视。顺治九年（1652年）九月，亲自到国子监释奠孔夫子，并向师生阐发书义和经义。此后，清历代皇帝相沿此习。乾隆三年（1738年）以前，称皇帝到国子监的活动为“视学”，乾隆三年以后称为“临雍”。按清制，皇帝每次到国子监都要举行隆重的典礼。皇帝视学前，由礼部疏请行取衍圣公、各氏五经博士、至圣后裔5人，四配、十二哲后裔各2人，元圣周公后裔2人，均乘驿传赴京。上述人士子孙有在朝为官者、各官学的师生、各省在京的进士、举人、贡生、监生，都要参加典礼活动。典礼活动之前，由内阁先拟制书，国子监祭酒、司业撰写讲章，进呈皇帝钦定。

视学之日，皇帝乘舆至国子监前，祭酒、司业率所属官及进士、举人、诸生，在成贤街右边跪迎。皇帝至监外降舆步行，先到大成殿释奠先师孔子。然后由太学中门入彝伦堂行讲学礼，众人向皇帝行三跪九叩礼毕，皇帝赐王公及大学士、九卿座位，翰詹四品以下官及国子监师生皆列东西阶下，环绕堂下听讲。接着，满汉祭酒各一人依次进讲“四书”、司业二人讲诸经。最后，向师生宣读制书：“圣人之道，如日中天，讲究服膺，用资治理，尔诸生其勉之!”

乾隆四十八年（1783年），高宗在一道谕旨中指出，考古代国学之制，天子所设立的学校称作辟雍，以此行礼乐，宣德化，昭文明而流教泽；国学为人文荟萃之地，规制宜隆重。于是下令在国子监彝伦堂前建立辟雍，作为祭祀圣贤之所，从而显示出最高统治者对国子监及其师生的重视。皇帝临雍之礼也很庄严、隆重，不过与视学之礼大同小异。

除国子监外，中央一级的学校还有八旗官学、宗学和觉罗学。其中，八旗官学隶属于国子监。

八旗官学，又称旗学，始建于顺治元年。当时，满人官员严重缺乏，朝廷命八旗各自建立学舍，以尽快培养人才。顺治二年，又令两旗合建一学。雍正元年（1723 年），每旗设立蒙古官学一所。乾隆初年，规定八旗官学生学习期限为 10 年，3 年内经书如学成，考试优异者可入汉文班，而年长愿学翻译者可归入满文班。乾隆三年，又钦派大臣对参加汉文班学习的官学生加以考试，其中精通汉文者可选拔为监生，直接入太学，学习期满，择优保荐，考选录用。

康熙、雍正年间，又先后成立了景山官学和咸安宫官学，均隶属于内务府。这两所学校专收内务府的八旗子弟。学习期满，考选录用。

宗学、觉罗学为满洲皇族学校，隶属于宗人府。它们是为培养满族官员而设立的官学。学生在校 3 年，学成后可以参加科举考试，按等第授官。另外，为使年幼贫穷的八旗子弟上学读书，又兴办了许多八旗义学。

（2）府、州、县学。府、州、县学的体制，在明代已经具备，清朝因袭之。清代学校，均设学官，一般由本省人充任。各学教官，府称教授，州称学政，县称教谕，基本上是各学 1 人（顺天府有满汉教授各 1 人）。此外，各学还设有训导，作为教官的助手。训导有经制训导和复设训导之分。据学者统计，清代全国共有教授 190 人、学正 210 人、教谕 1105 人、训导 1512 人。

府、州、县学生员，有廪膳生、增广生、附生，与明代相同。廪膳生和增广生均有定额，缺额时则由应岁试、科试中的优秀者补充。各学学生的名额，看在校人数多寡而定。后来又根据各地各学的实际情况屡有调整。

清在每省设立学政 1 人，掌管全省学校、士习和文风的政令，代表中央政府巡视所属府、州、县学，考察各学生的品行、学业，考核教官的品学及其训导学生的业绩，还掌理岁、科二试。学政任期为 3 年。

各学教官对其学生的考核方法，一般是分为月考和季考。学生无故 3 次缺考者给予警告，终年不应考者开除学籍。到了嘉庆年间，月考渐渐废弛，以后教官也多冗滥而不称职，与学生仅有师生的空名分，而无训诲之实。这说明，清代中叶以后，府、州、县学已日趋没落和衰败。

（3）书院。清代，除了国子监和府、州、县学外，各地还有书院。中国古代书院始于唐而盛于宋、明，但其时都与科举无多大关系。清代因封建专制主义集权统治严酷，书院讲学之风渐息，转而为科举制度服务。顺治时期，国家出资帮助各地书院，促进了书院教育的发展。其后，府、州、县纷纷建立书院，聘请精通经学而又有德行之人为山长（即书院院长，又称师长）。山长多为品学兼优之人，籍贯不限。但各省省城书院院长要由总督、巡抚会同学政聘请。康熙、雍正、乾隆时期，十分重视书院，康、乾两帝为各地书院题写了不少匾额；雍正为使各省城均建书院，“各赐帑金一千两”，作为“士子群聚读书”的膏火银。当时，各地有名的书院不下数十所，大大地补充了学校教育的不足。书院诸生的来源不外乎两类：一是尚未取得入学资格的童生，二是贡生、监生、廪生、增生、附生。每个书院诸生人数多者百余人，少者数十人、十几人。书院教育仍以八股文、试帖诗、策试等为主，考试内容也是每次四书文一道、诗一首，或论一篇、疏一篇，诸生必须在当天交卷，不得拖延。成绩优异者，酌量予以奖励，以资鼓励。清代中叶以后，儒学渐衰，各学教官多不能称职，因而赖以造就士子者，独在书院。此后，书院也确实培养了一些品学兼优的良才。

2 清代的童试与生员考试

在清代，凡是参加入学考试者，不论年龄大小，均称童生，或称儒童。当时，社会上流传着一副嘲笑童生的对联，其文是：

行年八十尚称童，可云寿考。
到老五经犹未熟，真是书生。

童生的入学考试，称为童试，其意就是初试，实际上名实不符。有的七八十岁的白首老翁，考了一辈子，进了数十次考场，早已不是“初试”。无奈，清代科举讲究这一点，凡参加入学考试的，都算初试。一般而言，童试三年两考：每逢丑、辰、未、戌年为岁考，寅、巳、申、亥年为科考。童生要想取得生员资格，必须经过县试、府试和院试三级考试，总称为童试。

县试，是由各县及隶属于府的州、厅长官（如知县、知州、同知）主持的。一般在2月举行。县试的前一个月，由县（州、厅）衙门公告考试日期。应考的童生要向县衙门的礼房报名，并填写姓名、年龄、籍贯及父祖三代履历，同时还要有同考者5人互结，再请本县的1名廪生作保。这样做的目的，是要确保童生家世清白，籍贯无误，遵守封建伦理道德。因为按清制，每县县学一次录取人数，例有定额，不准外县人冒充本县人（俗称“冒籍”）应试；清代禁止倡（娼妓）、优（优伶）、隶（官府中的贱役）、皂（军中执役的下贱人）四种人应考。这四种人被称作家世不清，其子弟中举、做官后有玷国家声誉；清代和历代皇朝一样，十分推崇孝道，竭力鼓吹父母去世后，必须守丧三年，丧期如应试，一旦被人检举，即予以除名，保结者也要受到严厉处分。

县试有考四场、五场、六场、七场之分，具体数目由县官决定。一般是考五场。第一场称作正场，考四书文2篇、五言六韵试帖诗1首，文不得超过700字。这一场最为重要，只要文字通顺即可录取，取者即准应府试。第一场通过后，以下各场是否续考，全由应试者自己决定。但因文字较差而被淘汰者，不准考第二场。第二场称招复，也称初复，考四书文1篇、孝经或性理论1篇，默写世宗钦定的《圣谕广训》100

字左右。第三场称再复，考四书文或经文1篇、律赋1篇、五言入韵试帖诗1首，默写第二场《圣谕广训》头2句。第四、五场没有固定的规则。五场考试，每场考一天，黎明前入考场，准许带一天食物，卷面盖有座位号数，交卷后姓名弥封。考试揭晓时，称作“发案”。发案写法用圆式，称作圈。名列第一名者，称作县案首。

府试在4月举行。府试由知府（或知州、同知）主考。考生因故未能参加县试的，可补考一场，成绩合格者准应府试。考生报名、填写履历等一切手续，以及府试试题、编号、考法直至揭晓，均与县试同，但府试须加派保，以防廪生徇情受贿和借词推诿之弊。府试取列第一名者，称为府案首。

院试，由学政主持的考试，是决定童生能否成为府、州、县学生员的一次关键性考试。雍正四年（1726年），废提学道，各省学政一律改称提督学院，又称钦命提督××省学政，并由科甲出身的翰林官充任。

学政在子、卯、午、酉年的8月由皇帝任命，年底前到任，主持全省府、州、县的考试。为了防止学政和地方官吏、教官勾结舞弊，规定知府、知州向学政禀请有关事宜时，须当堂公开面议，不准私下相会面谈，学政不得收受任何人的信件和礼物，不得擅自接见教官和考生；考试期间，学政所有随从人员均封固考场之内，不准容留1人在外；学政所聘阅卷幕友必须在500里以外处延请，小省不得超过五六人。学政主持院试时，以知府（或知州）为提调官，以当地教官为监场官员。考生报考院试的手续基本上与县试、府试相同。因故未能参加县试、府试的，可补考一两场，合格后参加院试。

院试开考之前，学政悬牌公布日期。院试考场称贡院、试院、考棚。考试当日早上，学政亲自在考场门（又称龙门）前点名，点名簿每人名下详注籍贯、年龄、面貌、三代履历，并由认保和派保人盖戳或亲笔签名。如有假冒顶替之人，一经发现，严加处理。考生入场可带一个考篮，内带笔墨、诗韵、食物，不准携带片纸只字、金银等物。开始时对考生搜查很严，甚至连头发、鞋袜、衣服都要细细检查，后来稍宽。点名完毕即封门，不许擅自出入。试卷右上方印有座号，考生按号入座，试卷背后右角上弥封糊名，上面盖印。考试时，考生不得交头接耳，擅自移动位置；学政亲自坐镇监考，并派人四处巡察，发现作弊者立即究治。由于考生人多，时间匆迫，故考场上不发题纸，而把考题纸贴在木牌之上，派人高举木牌四周游示，令考生知晓。

院试正场只考四书文 2 篇、五言六韵试帖诗 1 首；复试时考四书文 1 篇、经文 1 篇、五言六韵试 1 首，如考生能默写《圣谕广训》百余字，则可免试经文。同时又规定，考生作文不足 300 字以及不避讳皇帝的庙号、名字的，都以犯规处理，不予录取。

院试完毕，考取第一名者称为院案首。备取者称为佾生，不算正式生员。院试正式录取者称为生员，也称秀才，取得了府、州、县学正式学生的资格。当时，府学为上庠（音 xiáng，意学校），县学为下庠。新入学的生员必须每人填写一份履历表，其中包括姓名、年龄、籍贯、面貌、身材及三代履历，填好之后要由所属教官审核并加盖印章，然后送交学政。学政要在官衙大堂召集入学生员，举行簪花礼；各府、州、县官还要率领生员到文庙拜谒孔子；入学生员齐集学宫明伦堂拜见教官，行师生相见礼。这样，被录取的生员就算正式入学了。各府、州、县学的学宫又称泮宫。生员称附生，又称庠生，美其名为茂才，或称博士弟子员，当时社会上统称为秀才。

顺治九年（1652 年），朝廷在直省各学宫前立有一块《卧碑文》，上面明确记载了生员的权利和义务。其中说，朝廷给各学生员以优厚待遇，对他们免除丁粮负担，供给伙食和一应学习用品，使之全身心地投入学习之中；各级官吏和学校教官要把他们都培养成贤能之才，以供朝廷选拔、任用；生员应以利国爱民为己任，争当忠臣清官；生员读书明理，忠厚正直，不生邪念，不行害人之事；生员不干预政事，不交结权要，不插手词讼；生员要尊敬先生，聆听其教诲；有关军民利病事宜，不许生员上书陈言，否则必严惩；生员不得立盟结社，也不得和各级官府相勾结，更不得擅自著作出版。这实际上相当于后来各类学校的《学生守则》。

实际上，清廷还给生员一些待遇，如生员见官吏可不下跪，生员犯法后不能像平民百姓一样施用刑具。

这样，生员就高出平民百姓一等，步入了统治阶层的行列。

由此可见，以满族贵族为主建立起来的清皇朝，通过科举和学校教育，既要笼络汉族地主阶级及其知识分子，把他们培养成为自己服务的忠臣；同时又竭力钳制他们的言行，防止他们干出妨碍清朝统治的各种事情。

各府、州、县的生员，在学期间都要学习《御纂经解》、《性理》、《诗经》、《古文辞》、十三经、二十四史、三通（《通典》、《通志》和《文献通考》）等有关课程。平时，生员在月考和季考后的第 2 天还要聚集一处，听教官讲授《大清律》中有关刑名、钱谷的条文，在明伦堂前朗诵《卧碑文》、《训饬士子文》。他们还必须参加由学政主持的岁考和科考。

由于各府、州、县生员人数众多，而乡试考场的容量、条件又有限，这就需要将生员中文字差者也淘汰出去。因此清朝规定，学政到任后的第一年举行岁考，第二年为科考。

岁考是考察各府、州、县学生员学业荒熟程度，并以此为根据给予奖惩的一种考试。它规定，除钦天监算学生及年届古稀或有残疾者外，每个生员都须应考，不得逃避，缺考者要补考，连续 3 次缺考者黜革。岁考限当年 12 月底前考完。

岁考的科目，清初为四书文 2 篇、经文 1 篇。乾隆二十三年（1758 年）定例为四书文一篇、经文一篇、五言八韵试帖诗一首，并默写《圣谕广训》一则。

岁考按成绩定有六等黜陟法，并有青衣、发社两名目。考劣等者，要受降级处分：或由县学降入乡、社学，称发社；或由兰衫改穿青衫，称青衣。文理平通者列为一等，文理亦通者列为二等，文理略通者列为三等，文理有疵者列为四等，文理荒谬者列为五等，文理不通者列为六等。考列各等者，均有褒贬升黜和相应的奖惩措施。

岁考的第二年为科考。科考是生员参加乡试前的一次选拔考试。科考的科目，清初与岁考相同。乾隆二十三年（1758 年），又改为书一篇、策一道、五言八韵试帖诗一首，默《圣谕广训》200 余字。科考完毕，列一二三等者中，大省前 10 名、中小省前 5 名的廪生、增生、附生，准送乡试。列一二三等中的其他生员，以及在籍而名因不列于学宫或未参加科考的监生、荫生、官生、贡生都必须在乡试年的 7 月下旬，经学政考试合格后，才准送乡试；现任的教官准许学政送考；在国子监肄业的贡生、监生，准由监内教官送考。再有，凡属科考未录取及未与科试录科者，都可参加一次录遗与大收的考试。这种考试，不限定额数，凡合格者准其参加乡试。

各省驻防八旗中的生员，欲应本省乡试，必须先由各旗都统、副都统考试马步箭后，才能咨送本省学政录科。在京八旗生员欲应顺天乡试，以及翻译生员愿应文乡试的，各旗先送交兵部考试马步箭，并选具应试生员的姓名、年龄、旗籍、个人和家庭的履历，分别装订成满洲、蒙古、汉军 3 个清册，然后参加由学政主持的乡考和科考。成绩合格者准参加乡试。清廷对八旗生员考马步箭的做法，是为维护“国语（满语）骑射”的国策，以加强八旗的战斗力。

清代的乡试

清代真正的科举取士，是从乡试开始的。清代沿用明制，乡举考试，称为乡试。乡试是国家选拔人才的第一步。

顺治元年（1644 年），诏令各直省开科取士，以二年秋八月举行乡试。这是清代举行乡试的开始。次年，规定乡试 3 年一科，每逢子、卯、午、酉年的八月举行乡试，称作正科；遇有皇帝、皇太后“万寿”和皇帝登基等庆典特诏加科取士，称为恩科。康熙五十二年（1713 年），圣祖 60 大寿，各省士子纷纷要求增开恩科取士，礼部认为无有先例，不准。尚书王掞却说，万年之圣主（康熙）逢六旬大庆，开恩科取士，没有必要援引什么先例；如果以避靡费之嫌的话，那么平民百姓在其家长生日时都不惜出巨资用以宴饮娱乐，况且富有四海的大清朝廷何必斤斤计较呢？于是朝廷首开乡试恩科。按规定，庆典如逢正科之年，即以正科为恩科，将正科提前或推迟一年举行，或提前至当年的三月举行。例如，乾隆五十五年（1790 年）高宗 80 大寿。如按规定，前一年（己酉年）为乡试年，此年应为会试年。于是，乡试提前在乾隆五十三年举行，会试则提前在五十四年举行。乡试年又称大比之年，这是依据《周礼》三年考察一次官吏以举荐贤能之人的制度。又因乡试在秋八月举行，故称乡试为秋闱；顺天乡试单独称为北闱，这是因为顺天府（包括京师和附近州县，在清代称“京府”）地位显赫而决定的。

（1）考官。清代的考官分为主考官和同考官。由皇帝钦派赴顺天和各省主持乡试的称为主考官，其他参与主持考试的称为同考官。乡试主考的选用均有一定的手续和仪式。顺治二年规定，顺天乡试主考由顺天府府尹先期题请，各省主考则由巡按御史先期题请，上报礼部审核，最后由皇帝批准。后因巡按御史取消，各省主考由礼部咨取各衙门进士出身的侍郎以下京堂各官衔名，以及吏部考差官引见衔名，分缮清单，写明籍贯、俸次、科分及出任过某省学差、某科某省典试、某科顺天乡试会试分房，还有本人应回避的省份，分次密题，最后由皇帝钦命委派。

顺天和各省主考名单确立后，均于出发前身穿朝服、带着行李，到午门外听礼部堂官宣读皇帝圣旨，然后5日内离京赴任。主考官分正、副主考各1人，同考官人数不一。另外，朝廷还委派一些大臣或官吏、御史、八旗官兵担任督察、搜检、巡视、弹压等任务，以保证乡试的正常进行。各省还以总督、巡抚担任监临，充分体现了清朝对乡试的重视。

为防止考官们营私舞弊，朝廷又采取了一系列的防范措施。顺治二年规定，顺天乡试主考在午门外听候宣旨、谢恩后，即入贡院，如不立即到者严参惩处；

外省主考在圣旨下达后克期起行，不携家眷，不辞客，不许多带随从，途中不许擅自闲游，不许交接客人。到任之后，立即住进公馆，不许随意接见任何人，其住处周围派官巡逻，按时启闭房门，主考的行李在入门前要经公同验明；所有各官，平时不相往来，有公事时则在门内办理，一概不准擅自出入、交接客人；考官们的膳食、柴炭等物，均指定专人供应，并颁给腰牌（通行证），以资检查。还有，参加乡试的士子中，如有内外帘官本族及外姻中的亲属等，必须事先自行开出，公开贴在贡院照墙上，令有关士子回避。但其同姓而非本族，及远族散居各省各府，籍贯迥异者，则不必回避。

清初，朝廷发现科举考试取中者多为大臣官员子弟，而贫寒之家子弟则很少。为了防止官官相护和官吏舞弊的现象继续存在，规定现任官员中，京官三品以上及翰林院、詹事府、六科、道员，外官布政使、按察使以上，武官提镇以上的子孙、同胞兄弟或同胞兄弟之子出应乡试时，都要另编官卷，参加考试者称为官生。

（2）考场。顺天乡试考场在京师崇文门内东南的贡院内，各省乡试考场设在省城东南的贡院内。各个贡院的大门正中上方高悬“贡院”墨匾，东西建有“明经取士”和“为国求贤”两个牌坊。以下，仅以顺天贡院的设计布局为例，看看清代贡院的一般状况。

大门前有“开天文运”牌坊，左、中、右三门外各有东、西砖门（各省贡院无砖门）。进入大门后，首先看到的是龙门，龙门后又平列四门，意为广招四方贤能智士。再进去便有一“至公堂”，中悬一块“旁求俊乂（音 yì）”御匾，两楹悬挂明朝杨士奇题联：“号列东西，两道文光齐射斗；帘分内外，一毫关节不通风。”堂前有一回廊，设木栅栏环绕。堂东西两边各堂和一院落，为考官居住办公之处。龙门与至公堂之间建有明远楼，楼下南面有一悬联：“矩令若霜严，看多士俯伏低徊，群嚣尽息；襟期同月朗，喜此地江山人物，一览无遗。”相传此联为明清之际著名文艺理论家李渔寓居南京时所作，揭示了明远楼在贡院中的地位和作用。那就是，明远楼拔地而起，居高临下，贡院内外形势尽收眼底，一览无遗。考官们只要登楼眺望，士子们的一举一动，都看得清清楚楚。可见，此楼的建造，本身对作弊士子就有震慑作用。贡院的四周各有一楼，上面备有一面大旗，一旦发生士子喧闹、考官镇压不住时，始举大旗向外求援，当地地方官一见此景便立即派官兵弹压。贡院四周围墙之上，铺满了荆棘，防止应试士子攀墙与外界联系。墙高一丈至一丈五尺。故贡院又被称为棘闱。墙外有官兵分段昼夜巡逻。

龙门内及明远楼东西两旁建有号舍，为应试士子们住宿之处。每号房“外墙高八尺，号门宽三尺、高六尺”，一字号长者近百间，短者也有五六十间，均南向成排，共万余间。各号舍都按《千字文》编号，整个号舍的排列如同长巷，巷宽四尺，两人来往只能擦肩而过。巷口门楣墙上写有某字号名，并安置号灯和水缸。号舍屋顶盖瓦，号舍之间隔以砖墙，均无门。每间号舍高六尺，抬手即可触及房檐，深四尺、宽三尺。舍内在东西墙上离地一二尺处砌成上下两层砖缝，缝内插入两块木板，板可抽动。白天上下层分别当作桌椅，夜晚拆掉上层板，将其安放于下层板上，就可当作床铺睡觉。考试期间，士子坐卧、饮食、写作均在号舍内。由于人多屋窄，夏季士子在其中犹如在蒸笼一般，加之蚊蝇肆虐，那滋味更难以名状了。巷尾有厕所，这又使离其近的号舍内整日臭气熏鼻。南墙根有一小水沟通向水道，雨天道路泥泞而无法行走。应考士子真是苦不可言。每个巷口还有棚，棚板间有缝，使内外可以互相望见，起到互相监督的作用。

顺天和各省贡院号舍设备极为简陋，加之医药缺乏，一些年迈和体弱多病的士子在精神高度紧张中，因承受不住而猝然死去的事例屡见不鲜。当时就有人作诗说：

三场辛苦磨成鬼，两字功名误煞人。

（3）考规。清定都北京后，即着手制定科场规则，康熙、雍正时日趋严密，至乾隆时方始完备，执行也相当严格，但后期执行得不够严格。

顺治二年规定，每遇乡试之年，有关衙门先期公布禁约，务使应试士子人人皆知，如不许招摇撞骗，不许行贿，不准挟仇诬捏，严禁贡院附近居民遥点灯竿、施放爆竹，或纵放鸽子、抛砖掷瓦、通风报信。

否则，一经查出，严加处置。贡院房舍整修完毕后，要派官员仔细检查一遍，验看有无在墙角等处预先埋藏文字和书籍等，并派巡捕员役严加缉访，对于那些伪称考官亲识、编写歌谣、假冒姓名和籍贯者，严加惩处，重者发烟瘴之地充军。生员如有怀挟片纸只字者，先于贡院前枷示一个月，问罪发落；有请人代作文章的也照此惩处。贡院大门派专人督察，不许一人出入，以杜传递；生员领完卷，即迅速归号，如有迟延停立，送交考官审查；考试时，门外一律上锁，不许任何人私开私入，也不准传递茶汤；生员交卷时，考官亲坐堂上，严督受卷官按经收卷，每收 50 卷即封号入箱，不交卷者不准出，务使卷数与考生人数相符合。顺治末年又规定，士子必须经过两次搜检，方准进入考场。如大门搜过"无弊，而二门搜出者，将大门官役处治"。康熙五十三年（1714 年）又规定，士子入闱只准穿拆缝衣服、单层鞋袜，除了篮筐、小凳、食物、笔砚外，一律不准带入考场之内。但私自挟带者仍不乏其人，有的士子还故意向搜检官寻衅。康熙五十九年顺天乡试时，朝廷特命 12 个贝子为搜检官，搜查十分严厉。有一个考生披襟向前，指着故意鼓起来的肚子对搜检官说："此中大有夹带，盍搜诸？"这个恶作剧，弄得搜检官哭笑不得。是呵！人肚子，怎么能去搜检呢？乾隆九年（1744 年）顺天乡试时，高宗皇帝命亲近大臣数人前往观看，结果一、二两场搜出怀挟 42 人，另有 200 名士子闻风退避而散。这种罕见的、大规模的作弊行为，使高宗乾隆帝大为光火，除惩治有关人员外，对士子的服式进行了严格规定：帽用单层毡，大小衫袍褂俱用单层，皮衣去掉面，毡衣去掉里，裤子不论绸、布、皮、毡，一律为单层，袜子用单毡，鞋用薄底，坐具用毡片，马褥、厚褥一概不准带入。对士子的考试用具也有规定：卷袋不许装里；砚台不准过厚；笔管镂空；水注用瓷；木炭长不得超过二寸；蜡台用锡，只准单盘，且柱必须空心通底。至于所吃的食物，如糕饼饽饽，都要切开；考篮不论竹柳，都要按照南方式样，编成玲珑格眼，底面如一。点名时，应试士子都要开襟解袜，如发现有怀挟之物，其父师均要受到惩治。不久，又规定，乡试前先将搜检人员周身搜查一遍，然后进驻贡院，不准随意出入；士子点名时，头、二门内，搜检人员两行排立，士子从中鱼贯而入，以两人搜检 1 名士子，细查其衣服、器具、食品有无怀挟之物，一经查出，士子即枷号一月，不准提前释放。

清代中叶以后，随着清朝统治走向下坡路，乡试场规渐渐松弛。

（4）考法。按照常例，乡试每三年举行一次，每次考试三场，即八月初九、十二和十五日。每场考试的前一天，即初八、十一和十四日，点名发给考生试卷，令其入场；后一日，即初十、十三和十六日，考生交卷出场。但遇严重的水旱灾、战争及皇帝去世等特殊情况时，乡试也会改期换地举行。光绪二十八年（1902 年），北京贡院毁于八国联军之手，顺天乡试被迫易地，改在河南贡院举行，而河南本省乡试则延期至当年十月举行。

每场考试在点名的前一天，由受卷、弥封、誊录、对读四所官齐集至公堂，将刻有考生座号的戳盖在试卷面和号簿上。盖印之前，先将号戳抖乱，任何人不准翻看，以防止有人借机打通号或连号。这就使乡试考生每场的座号均不相同，与考官无法通同作弊。点名的时间、地点要先期公布。点名时，顺天贡院在东西砖门内进行，各省贡院在东、西、中三门分别进行，当日点完。点名完毕，每个考生经过严格搜检之后，领取试卷，按其号数入闱，不得私自乱窜，或更改号数。每一号舍均有数名兵士把守，称为号军。

所有考生入闱后，贡院大门、龙门、号舍之门在鸣炮三声中封锁，任何人不得出入。次日，考试题纸从号舍巷口栅门空隙处送入，分发每人一张。但也准备了一些空白试卷，以待士子写错或污损时换用。每张试卷最初长一尺五寸、宽五寸。鉴于贡院号舍中的号板狭窄，这样长的试卷难以舒展，书写时不易平整，乾隆二十四年（1759 年）以官尺校定，改为长一尺、宽四寸，红线横直格，每页 12 行，每行 25 字。考试题目一般由主考亲自书写，但有时也由房官代写。题目后附添注涂改格式，以及诗题中限用的某韵字。

士子考毕分批出号舍，然后至公堂受卷官处交卷。受卷官接卷在手，即发给一签，在龙门处查验缴销后方能离开贡院，称为放牌。一般来说，午前放第一牌，午后放第二牌，傍晚时放第三牌。戌时（晚 7 ~ 9 时）清场，打扫号舍，半夜再点名入下场考试。但第三场可提前于15日放牌，未考完的士子仍于16日清场后领签。

（5）考试内容。清代，乡试的内容因时而变，但首重考经。顺治三年颁布的科场条例规定，第一场考试四书3题、五经4题；第二场考论1篇，诏、表、诰各1道，判5道；第三场考经史时务策5道。其中，“策题以关切事理、明白正大为主，不许搜寻僻事，掩匿端倪”。这样，就可使“真才易辨”（《光绪会典事例》卷331）。在文体形式上，仍沿用明制，用八股文。康熙中期大力提倡孝道，规定将《性理》、《太极图说》、《通书》等书一并命题。后又进一步规定第二场专用《性理》命题，表、题不许出本年时事。雍正即位后又继续提倡孝道，把孝作为百行之首，下令将《孝经》和五经并重，二场论题仍用孝经。乾隆中期，考试内容几经改动，终于基本定型：第一场考四书文3篇、五言八韵诗1首，四书文要用《论语》、《大学》和《中庸》、《孟子》分别出3题；四书题解必须以朱熹集注为主。第二场试经文5篇，用《易》、《书》、《诗》、《春秋》和《礼记》出题。第三场试策问5道，从经史、时务和当代政治形势中出题。

试卷文字和书写格式也有严格规定。顺治二年乡试时，首场文字每篇不得超过550字；第二场考试，表不得超过千字，策每问均不得过20字。以后屡经改动，至乾隆时定制为：首、二两场试文，每篇限定为700字；三场策试每问须满300字，但不准超过500字。试卷缮写，要按一定规格：卷首书写姓名、籍贯、年龄、出身、三代履历和所习的经名，书法要工整，字迹不得潦草，试文要点句钩股，如发现有题字错落、字句不完整、中间有空页、涂抹污损严重、全篇所用虚字相同、表遗漏皇帝年号、策题讹写以及行文中不避庙讳、御名、至圣（孔夫子）讳，均以违制论处，并张榜公布，予以除名处罚。士子在答卷中，都必须“代圣贤立言”，注重讲明道理，文辞达意，不得剽窃、杂凑成章，否则一经查出，即予惩处。

（6）评判。考试结束、试卷未送交考官批阅之前，受卷官在试卷卷面上盖戳印和衔名，然后经过弥封、誊录、对读与分朱墨卷等各项手续。主考官收到试卷后，当面与同考官签掣分房，填号登簿，二、三场卷照簿办理。如发现有本省字号卷应回避时，主考酌量调换试卷。主考与同考官、各房师同坐一堂，然后将试卷分散给房师评阅。但是，录取与否，权在主考，而房师只能在评阅中将自己选中的试卷加圈加点加批语后，写一荐条，呈交主考，称为荐卷。房师于第一场阅、荐卷毕，再对二、三场试卷加批续荐，如第一场试卷未被推荐，而二、三场卷均佳，可以补荐。正副主考根据房师的推荐，并细心评校、批阅三场试卷后，互相磋商，以定去取。对于中式之卷，副主考官在其上书一“取”字，主考官书一“中”字，各详加圈点；未被取中之卷一般也要写上批语。由于按房决定录取名额，而各房中卷又多少不均，其中一些佳卷因该房名额所限，难免被淘汰。于是，雍正七年议定，各房可适当调整名额，办法是向某房拨给改用荐条，但不得一卷两荐，并列衔名，称为拨房。为了不使佳卷落榜，康熙和雍正帝曾多次下令，荐卷之后，主考和房师要对其余试卷遍加校阅，“校阅之时，其佳卷多者，准其尽数呈荐，不得以本房额满，屈抑英才”（《光绪会典事例》卷347）。考官在评卷前，要将违制试卷查出，写明缘由，贴在贡院外的墙上，称为贴例。

实际上，这些规定在执行中不免成为纸上谈兵。因为许多省份考生近万人，每场以3篇文章计，每人则为9篇，总计约有10万篇。这样大的数量，加之评阅时间紧、房官人数少、任务重，绝不可能遍加校阅。有的考官日后在谈及阅卷的情况时说，从阅卷始至撤棘止，仅有18昼夜，他们每篇文章不可能都从头看到尾，而是随便翻至一处，看个一两行，如自认是佳卷，再从头阅起；如不认为是佳卷，则弃而不问。这种阅卷方法，在各贡院中普遍盛行。难怪当时社会上流传一种谚语：“场中莫论文，一命二运三风水，四积阴功五读书。”（钟毓龙：《科场回忆录》）

（7）放榜。清初曾规定，乡试放榜日期，大省为九月初五日前，中、小省为八月底前。康熙五十年（1711年），决定将放榜日期推迟：顺天及大省限九月十五日内，中省限九月初十日内，小省限九月初五日内；江南、浙江因乡试人数倍于其他省份，加派房官2员，这就使主考官除有充分时间阅、荐卷外，其余试卷也有时间遍阅，避免漏阅佳卷。发榜日多在九月的寅日和辰日，而寅属虎，辰属龙，因而人们称乡试榜为龙虎榜。又因发榜时正直桂花盛开，故人们又称其为桂榜。

乡试放榜之日，正副主考会同同考官齐聚一堂，共同拆卷对号。朱卷与墨卷号核对无误后，副主考在朱卷上书写姓名，主考在墨卷上书写名数，书吏依次公开唱出姓名及其所属州县学，然后写榜。顺天府钤盖府尹印，各省盖总督（或巡抚）印，印要盖在榜纸接缝处和榜尾年月日处。接着，榜文由官兵护送出闱，顺天府榜贴在府尹衙门前，各省榜在布政司署前。榜分正榜和副榜。按规定额数录取的称为正榜，额数之外录取若干名文理优长者称为副榜。

乡试取中者，均称为举人。其中，第 1 名称解元，第 2 名称亚元，前 5 名均称经魁，第 6 名为亚魁。清代科场有“华灯照五魁”的佳话。原来，拆卷、对号、写榜需一整天工夫，到拆前 5 名弥封卷时，已是掌灯时分。这时，加燃红烛。当经魁出自某房时，即将红烛一对置于其房官的桌案前，以示荣誉。这就是“华灯照五魁”的由来。取中副榜者，称副贡生。副贡生不是举人，但已取得了参加下届乡试的资格。

乡试放榜的次日，举办鹿鸣宴。各考官和新科举人均赴宴。宴开始时，主考会同巡抚先行谢恩礼，新科举人谒见考官和当地官员，随后依次入座开宴。一般来讲，乾隆朝中叶以前，由于国力强大，物产富足，宴会设有丰盛馔肴；此后，仅为清酒一杯，徒具形式而已。

乡试放榜后，主考要将本科乡试考官及中试举人的姓名、年龄、籍贯及所列名次、三场试题开列成两册，一送皇帝御览，一送各衙门，称为登科录，也叫题名录。主考还要按照惯例选择应试士子的若干篇优秀试卷，将其刊行，作为社会上士子作文作诗的学习范例，称为试录，或称闱墨。

举人与考官等人的关系是：举人称其在学教官为受业师；称其入学和乡试时的阅卷者为受知师；称同榜举子为同年；对考官则自称门生，对考官的考官自称门下晚学生，或门下晚生；称房师的考官为太老师；称同年之父为年伯、祖父为太年伯、伯（叔）为年世伯（叔），本人则谦称为年侄、年再侄。清代还有一种“同年录”，记载考官、举人的姓名、年龄、籍贯、名次、亲属等内容，既有纪念意义，又可借此加强师生与同年之间的广泛联系。

乡试放榜3日后，收榜入库。榜发之前，一些落榜士子往往要花重金，或托人领出试卷，以观主考和房师的批语。如有的主考详列种种可以补救漏写、添注、涂改字句的办法，给落榜士子以启发，有助于落榜士子学业的提高；有的主考和考官责备士子恃才高傲、无应变能力之话也跃然纸上。据说，某年一个落榜士子领到试卷后，见房师批语为“欠颟顸（音mānhān，糊涂而马虎之意）”三字，不由得怒从心起，立即致书房师，声言去官府告发。房师接书信之后，生怕事情闹大，于己不利，赶紧托人说情，并赠送巨金，方使事情了结。榜发后，正副榜试卷即送还内帘，由主考交各房官磨勘加圈点、批语，并将主考、房官原来的批语取出，照例另拟批语8字写于试卷上，房官的批语称荐批，副主考的称取批，主考的称中批。然后用印钤盖，差人星驰礼部，以备磨勘。

（8）乡试中额。清代乡试录取的名额，要依各省文风的高下、人口的多寡、丁赋的轻重而定。顺治二年规定，各地中额，顺天168名，江南163名，浙江107名，江西113名，湖广106名，福建105名，河南94名，山东90名，广东86名，四川84名，山西、陕西均79名，广西60名，云南54名，贵州40名。此后，各直省的乡试中额有增有减。康熙二十二年统一台湾，二十六年在台湾举行丁卯科乡试，录取2名举人。五十年，皇帝在一道谕旨中宣布，酌量加增乡试中额。最后议定，顺天增加40名，其余省份多者增加16名、少者增加6名。雍正元年特行乡试，并加中额，规定大、中、小省分别增广30、20、10名。乾隆、嘉庆年间，又屡有增加。咸丰、同治年间，内忧外患日趋严重，朝廷财政窘迫，于是以增广名额为诱饵，鼓励各省捐输军饷。咸丰三年（1853年）规定，各省捐银至10万两者，增加乡试中额1名；捐银数递增，中额数以次递加。但不论捐银数额多大，均不得超过增广限额，即限大省30名、中省20名、小省10名。

清代乡试中额，全国每年也就一千多人，而有的一省应试者就超过万人。康熙五十八年（1719年），江西乡试应试士子为1.2万余人，但中额只有90人，两者比为134:1，相差悬殊。但许多士子却痴心不改，往往到了快入土时也不罢休。所以清代笔记小说描述年过花甲的老秀才久困场屋，拼命追求功名的事例不绝如缕。如广东顺德人黄章考了60余年，直至康熙三十八年（1699年）99岁时也未中举。这年秋试时，他在灯笼上大书“百岁观场”四字，令其曾孙为其开路，表示自己今年99岁了，还不是得意之时，有信心考到102岁，必能中举。乾隆年间，广东番禺县人王健寒也是99岁，“握笔为文”，每日苦读不辍。乾隆时，广东诸生谢启祚已90多岁了，按规定可免试而邀恩赐，地方官吏也每每列其名上奏清廷，以求恩赐，但都被拒绝。谢信心十足地表示，自己还未颓唐，此生一定要为读书士子争一口气。乾隆五十一年（1786年），他终以98岁的高龄中举了。发榜时，他兴奋地作了一首诗，把自己比作老处女出嫁：“行年九十八，出嫁不胜羞。照镜花生靥，持梳雪满头。自知真处女，人号老风汉。寄语青春女，休夸早好逑。”而当时同县有一个15岁的少年与谢启祚同榜，有人为此作诗，其中有“老人南极无边见，童子春风座上来”句，一时被传为佳话（《清稗类钞·考试类·乡试老少同榜》）。由此可见，乡试是清代整个科举考试中最难登第的一级。

（9）磨勘。这是清廷对各地乡试士子和试卷进行的一次全面复查措施。磨勘的内容，主要是复查应试士子是否冒籍、冒名顶替，三代履历是否清白；检查朱卷与墨卷是否相符，文体是否符合八股文的要求，字数是否超过规定，引用史书及书名是否正确，卷面有否抄袭、雷同之处，是否避庙讳、御名和至圣讳。一旦发现问题，主考官和同考官要按情节的轻重，分别予以罚俸、革职等处分；应试士子轻则罚停会试一二科，重者立即黜革。磨勘制度在乾隆一朝执行最为严格，处罚也最为严重。同治以后，磨勘渐同虚设。

按规定，凡举人经磨勘而无过失者，准予复试；举人复试合格，方准予参加礼部举行的会试。

（10）复试。清代复试之制始于顺治十四年（1657年）。当年的顺天、江南乡试，均发生了考官接受贿赂、徇私舞弊事件，“物议沸腾，屡见参奏”（《清世祖实录》卷115）。皇帝感到问题严重，下令两闱举人进京复试，并将其中20余名文理不通者革去举人。此后，复试时举时停，范围或大或小，始终未形成一种制度。乾隆九年规定，各省乡试放榜后，一个月内举人均赴省城，由该省巡抚会同学政在巡抚衙门当面出题复试。道光二十三年（1843年）又规定：各省新中举人，于会试年二月十四日前全部到京，十五日入场参加礼部复试，复试地点在京师贡院；不经复试者，不准参加会试。复试试题为四书文1篇、五言八韵诗1首，试卷由皇帝亲自指定的阅卷大臣评阅。凡列入一二三等者方准予参加会试，列入四等者罚停会试一二科，未列等者取消举人资格。

4 清代的会试、殿试和朝考

（1）会试。著名的清代科举考试研究专家商衍鎏先生指出：“清制举人在北京应进士之试者曰会试，乃集中会考之意。”（《清代科举考试述录》第102页）顺治二年（1645年）规定，会试与乡试一样，三年一科，在乡试的第2年，即丑、未、辰、戌年的二月由礼部举办。乾隆十年，皇帝下令会试改为三月。因在春季举行，故也称春闱；又因是礼部举办，还称礼闱。

会试分正科和恩科两种：在乡试正科次年举行的，称为会试正科；在乡试恩科次年举行的，称为会试恩科。会试恩科多在八九月举行。

会试举行之前，所有顺天府及各省乡试举人、候补京外官与教官中取得礼部文书的举人以及功勋大臣子弟和特殊赏给举人，均可向礼部报考。各省举人赴京参加会试，最初由朝廷供给车船，名为“公车”；后来改以路途远近发路费，自行雇用车船，但如有困难，可由地方帮助解决。举人车船沿途挂有“礼部会试”的黄布旗，以作为标识，任何人不得无理刁难。举人会试无论取中与否，返程路费均由朝廷供给。

会试又称“知贡举”，在顺天府贡院举行。举人入场后的考法、场规、试卷的誊录与磨勘等均与乡试相同。会试分为三场，每场三日。三月初九、十二、十五日分别为举人入场日期，入场的同时每人即领到一份考卷。

会试考官于三月初六日简放。清晨，各考官携带行李，齐集午门外听旨，随后入闱，不回私宅，不与任何人交往，门前大书“回避”二字，连家书也不准送入。主考官称作大总裁，由内阁大学士1人及各部大员3~6人充任。咸丰以后，主考官定为4人：正总裁1人、副总裁3人，以正、大、光、明四字为其顺序。同考官最初为20人，康熙初年定为18人，俗称十八房，以翰林、给事中（均为举人、进士出身）等官充任。

会试试题，与乡试无异，但第一场的四书文3题，自顺治十五年始改为皇帝钦命。康熙二十四年又规定，皇帝钦命四书文3题，五经和二三场题目则由考官拟定。会试文风与乡试不同。刘兆璸先生指出：会试"文贵'清、真、雅、正'，与乡试文之重文气勃茂者有别"（《清代科举》第56页）。

会试录取名额，清初并无定例。顺治三年丙戌科会试录取400名。自顺治九年始，分南、北、中三卷录取。当年，三卷分别录取233名、153名、14名。顺治十八年又规定，会试照人数之多寡，随时定额。康熙五十一年，鉴于有的省录取额数偏多、有的省录取数额偏少的不公正现象，不利于选拔真才实学之人，于是由礼部预先查明各省来京会试人数，呈皇帝按省的大小、人数的多寡酌定录取人数。此后，基本上是20人中取1人（台湾例外）。乾隆三年，朝廷鼓励台湾士子来京会试，规定每10名取中1人。康熙二十四年（1685年）规定，会试前10名的名次由考官先拟出，然后交皇帝钦定。

会试放榜日期，最初定在三月初五，不久又改为三月十五日，最后定为四月十五日。此时正值春暖花开、杏花盛放，故会试榜又称为"杏榜"。清初，会试榜也分正榜和副榜，举人中副榜者可免廷试，由礼部咨送吏部授职。康熙三年下令停止会试副榜。榜张贴于礼部，上钤（音 qián，意盖）礼部大印。举人中会试者，一律称贡士，第 1 名称会元，意为考之首名。榜发后，宴请考官于礼部，新贡士需取同乡京官印结作保，并到礼部填写亲供（姓名、年龄、籍贯、家世、经历等）。亲供与朱、墨卷同时送交磨勘官磨勘，一旦发现问题，轻者被罚停殿试一二科，重者立即黜革，考官也要受到相应处分。

康熙五十一年，顺天解元查为亿因作弊被发觉后脱逃，皇帝怀疑本科会试有代人考试者，决定三月二十日在畅春园亲自复试。他警告说："十三省语言，朕悉通晓，观人察言，即可识辨。"要作弊者立即自首，否则一经查出，"悔之无及"（《清圣祖实录》卷 249）。这是清代会试复试之始，但此后是否复试，并无定例。乾隆十分重视复试，认为它是清除科场之弊的唯一方法。乾隆五十三年规定，会试榜发后，皇帝特派亲信大臣在禁城内乾清宫和圆明园内正大光明殿举行复试。嘉庆初，将会试后的复试正式定为制度，地点仍在乾清宫。六年，鉴于参加乾清宫复试人数较多，天气渐热，拥挤难耐，改在保和殿进行。复试试题，嘉庆以前为四书文 2 篇、五言八韵诗 1 首。嘉庆四年因复试时间紧迫，改为 1 文 1 诗。

会试磨勘和复试合格者，即可参加殿试。

举人会试数次而不中者，可以通过各种途径充任低级官吏，进入官场。这显然是力图让读书士子看到做官并非可望而不可即之事，只要具备德、才、貌，总有一天会踏上仕途。

（2）殿试。清代的殿试与明代一样，是由皇帝亲自主持的最高一级的科举考试。

殿试之前，新贡士们络绎不绝地来到京城。游玩几天后，殿试日期来到了，他们原来那种紧张的心情，一下子又蹦到了嗓子眼上。当时社会上流行的一首诗，对此作了尽情的描写：

金顶朝珠挂紫貂，群仙终日任逍遥；
忽传大考魂皆落，告退神仙也不饶。

（李伯元：《南亭笔记》卷八）

殿试，仍然是摆在读书士子们面前的一道必须冲破的鬼门关。

清代的殿试，始于顺治三年（1646 年）四月初一日，地点在承天门（今天安门）外。后来，应礼部之请，改在太和殿的东西阁阶下，遇有风雨时则在殿的东西两庑。雍正元年（1723 年）十月二十七日殿试，因天气异常寒冷，特命改在殿内进行，并由銮仪卫军校代携考具，又赐予新贡士们食物、炉火。乾隆五十四年（1789 年）将殿试地点定在保和殿，以后相沿成为定例。殿试的日期，雍正元年定为十月，乾隆二十六年定为四月二十一日，二十五日传胪，遂成定制。殿试的内容，顺治二年定为时务策 1 道。最初，殿试有第 2 天早晨交卷者。乾隆四十六年改为当日交卷，不给烛，不完卷者准列三甲末。

殿试因系皇帝亲自主持（有时还“亲览”试卷），故对任命的大臣不称考官而称“读卷官”。读卷官由礼部开列大学士及由进士出身的尚书、侍郎、左都御史、左副都御史、内阁学士衔名，奏请皇帝钦派。乾隆二十五年以前，读卷官一般为 14 人；乾隆二十五年改为 9 人，其中大学士 2 人、六部院大臣 6 人。试题先由读卷官拟定，殿试前三五日进呈皇帝审核。乾隆二十六年，为防止弊窦出现，改命读卷官于殿试之前一日密拟 8 条进呈，由皇帝从中钦定 4 条。然后，读卷官再拟定策问之题。有时，殿试题并不是读卷官原拟的，而是由皇帝特命策问的，如乾隆五十八年策问的“保泰持盈”一条即属于这种情况。试题经钦定后，读卷官携赴内阁，在监试御史的监督下，由内阁中书用黄纸书写。入夜之后，令专人在内阁大堂刊印，同时，护军统领带护军校等在内外门严密稽查。

清代前期策题的原则，体现皇帝理政务实及“求贤若渴”和“为国家培养真才”的愿望。例如，顺治四年的策题为“求得真才”、“痛革官弊”、“筹饷”三项。这正是当时社会上急需解决的问题。顺治定都在北京之后，亟待建立新的国家机器以取代被推翻的明王朝，因此，迅速选拔人才充实各级官僚机构，以及革除明朝腐朽已极的吏治，成为朝廷首要解决的问题。又因清军入关后即进行统一全国的战争，用兵之际，兵必需饷，而饷出于民，朝廷欲加饷又恐引起民的不满和反抗。怎样做到两全其美呢？这就是上述策题的由来。顺治帝在谕旨中要新贡士们“各出己见，逐条献策”，文章不限长短，不拘格式，也不得“预诵套词”。乾隆四年，皇帝下令，殿试答卷要以历朝流传诵习的晁错、董仲舒、刘蕡、苏轼等人的文章为范文，并允许有“通达治体，学问淹通”的贡士在此基础上“发抒”，不拘限字数，但最短者不能低于千字，否则以不合格论处。以后，随着盛世的到来，各种弊端日益显露出来，殿试策题的简单务实之风逐渐泯灭，策题长达百余字至五六百字，华而不实，评阅试卷也渐渐从重于文字、内容转为书法。康熙二十八年（1763年），康熙帝以高士奇字学工整，虽非进士出身，亦超升为翰林；四十五年，又以三进士文、字俱劣而将他们逐出翰林院。乾隆、嘉庆时期朝廷重臣毕沅渔翁得利获得状元的故事最为有趣。乾隆二十五年（1760年），身为军机处吏员的毕沅与同僚诸重光、童凤三在会试时同科取中，殿试的头天晚上，三人又同值夜班。诸、重二人要求毕沅代值，毕问及原因，二人带着既骄傲又蔑视的口吻回答说，我们俩人善于书法，明早有望夺魁，今晚回去须作些准备；像你这样的书法水平得个进士就不错了，你还有非分之想吗？二人说罢头也不回就走了。毕沅一人闲坐无聊，忽然看到桌子上摆放着一份陕甘总督黄廷桂关于新疆屯田的奏折，于是详读一遍。岂料，第二天殿试时，乾隆帝策问的题目正是新疆屯田事宜。毕沅因有准备，回答得头头是道，深中帝意，被取为第一名，而诸重光虽书法精湛也只能屈居第二名，童凤三得了第十一名。道光时，朝廷殿试公开重书法，至同治、光绪时则更为盛行。

清廷殿试所以重书法，可能与康熙、乾隆皇帝爱好书法有关。康乾二帝所到之处，“御题”颇多，至今名山大川还保留不少他们的手迹。受康乾二帝影响，清历朝皇帝、官吏和广大士子长于书法者也不少。相传清宣宗道光帝因每天批阅大量文件弄得身体筋疲力尽，但又一想，如不遍阅恐开启臣工欺骗、蒙蔽之弊。左右为难时，御史曹振镛向他献计说，皇帝不须把所有文件逐一过目，有空时只要抽阅数本，其中凡有字画谬误的，即用朱笔勾出，发给臣下传观，使他们知道皇帝批阅文件细微不漏，自不敢怠忽从事了。从此廷臣纷纷效法，写奏折时莫不讲究书法的工整。上行下效，士子们在科举考试时更是变本加厉，以精工巧匠雕镂组织之技书写试卷，甚至于一个笔画的长短、一个标点的肥瘦，都要细细琢磨，对于些许瑕垢也绝不放过，认为这都是关系自己平生荣辱的大事。

殿试的当天，有极为隆重而庄严的礼仪。殿试礼仪，是在顺治十五年制定的，基本情况是：殿试的前一天，先由鸿胪寺官在殿内东边设置策题黄案二处，一在殿内东边，一在殿外；丹陛上正中设一黄案；光禄寺官在东西阁檐下设置试桌。当日早上，銮仪卫在殿前设置卤簿、法驾，礼部、鸿胪寺官员和新贡士们在丹陛两旁排立，单名站东边，双名站西边；王以下文武百官俱穿朝服分列丹陛内外。接着，皇帝升殿、坐于御座上，鼓乐齐鸣。内阁官从东边黄案上捧出策题，交给礼部官，由其放置在丹陛正中的黄案上。读卷官和新贡士们分别向皇帝行三跪九叩礼。礼毕，鸣鞭，皇帝回宫。随后，礼部官散发题纸，贡士跪受，行三叩礼，各到试桌对策。从嘉庆四年四月二十五日殿试时，改为皇帝不再升殿，但在丹陛正中依然设一黄案。从此，殿试礼仪从简，贡士可自带试桌、食品，殿前南院预置茶水，朝廷赐予宫饼一包。

殿试试卷，均用白宣纸裱成，极为考究，俗称“大卷子”。开头前半页为素页，书写贡士姓名、年龄、籍贯，以及个人和三代的履历。接下就是红线直格，书写对策全文。对策起收均须遵守一定的格式，即起用“臣对臣闻”，收用“臣末学新进（最初用“草茅新进”），罔识忌讳，干冒宸严，不胜战慄陨越之至。臣谨对”。策文不限长短，一般以千字以上为合式。文中颂扬皇帝的句子，如“钦维皇帝陛下”和“干冒宸严”中的“皇帝”、“宸严”，须另起一行，并顶格书写，以显示维护专制君主的至尊地位和神圣不可侵犯的尊严。试卷答完后，由收掌官锁在箱子里。

次日，读卷官和监试等官齐集于文华殿内。先由收掌官从箱中取出试卷，按官阶高低放置在读卷官面前，大约每人分30卷左右，卷背粘签，上书读卷官姓氏，不书名。读卷官阅卷，按以下5等标识：○（圈）、△（尖）、·（点）、|（直）、×（叉）。如策语不妥或字体有误时，均在其旁粘上黄签，以待皇帝亲阅。阅卷时，每个读卷官先将自己分得的试卷注明标识，再轮阅其他读卷官手中的试卷，称为“轮桌”，也叫“转桌”。试卷全部阅完之后，要由首席读卷官总核，并在其主持下进行综合评议，排列名次。排名时，得圈多者排在首位。

按顺治十五年的规定，殿试后的第3日早，皇帝来到中和殿，各读卷官至殿内丹墀行一跪三叩礼后，由首席读卷官在御前执卷跪读，读毕，试卷置于御案上。随之，各读卷官依次执卷跪读。如奉旨免读时，各读卷官即执卷同至御前跪，由礼仪监官依次接卷，俱置御案上。各读卷官行三叩礼后起立、退出殿门，等待皇帝钦定试卷名次。皇帝在钦定名次时，只御批第一甲第一名、第一甲第二名、第一甲第三名，其余各卷发内阁官员领收。当天，读卷官将第二甲第一名以下试卷全部拆开，填写在黄榜之上。

从乾隆皇帝始，决定甲第名次后，第二天在太和殿要召见前十名进士，称为引见，又曰传胪。直至清末，此制沿用不衰。

太和殿传胪，就是举行极为隆重的发榜仪式。身穿礼服的皇帝在鼓乐和鞭鸣声中登上太和殿御座，接受群臣和新进士的三跪九叩礼。礼毕，大学士捧起东案上的黄榜，至殿檐下交给礼部官员，礼部官员跪接后，将榜跪置于丹陛正中的黄案上，并行三叩礼。随后，鸿胪寺官导引新进士就位，并跪听鸣赞官宣读的皇帝制书：

> 某年月日，策试天下贡士，第一甲赐进士及第，第二甲赐进士出身，第三甲赐同进士出身。

当传胪官唱到第一甲第一名时，其人要出班前跪，接着，第一甲第二名、第一甲第三名及第二甲、第三甲等若干人依次出班前跪。他们在鸣赞官的引导下，向皇帝行三跪九叩礼，礼毕，退立两旁。然后，礼部官手举黄榜（榜用黄纸，表里二层，故称黄榜）至午门前，跪置于龙亭内，并行三叩礼。銮仪卫校尉在乐声中将龙亭抬至长安左门外，黄榜张挂在长安街上。新科进士要随榜出。接着是鸣鞭，皇帝还宫，王以下文武百官退朝。新科进士观榜之后，由顺天府伞盖仪从送回住所。至此，传胪大典结束。

随后，朝廷颁布上谕，第一甲第一名（称状元）某某被授予翰林院修撰，第二名（称榜眼）、第三名（称探花）某某授翰林院编修。第二甲第一名为传胪。

传胪后一日，朝廷在礼部赐进士恩荣宴，由钦命大臣1人主持，考官、执事官、礼部官等一同赴宴，状元一席，榜眼、探花共一席。康、乾时期，宴会礼仪隆重，菜肴丰富，质量上乘，席用银盘，状元等用金碗饮酒。席中有小绢牌一面，上书“恩荣宴”三个大字。嘉、道以后，赐宴仅为一种形式，不再有昔时景象。宴会后，新科进士谢恩而退。以后，新科进士们还要到孔庙、国子监拜谒孔子。朝廷还要在国子监建进士题名碑。

清初，御前阅卷基本上能执行。康熙二十四年始定，读卷官拟定前10名的试卷，进呈皇帝钦定。乾隆二十六年，高宗至养心殿西暖阁阅前10名试卷，然后由大臣缮写缘头签以传前10名引见，称作小传胪。10名之外的试卷，由读卷官依照阅卷时原已排定的顺序，在榜上书写二三甲的名次，称为金榜。金榜分为大小金榜，大金榜盖印皇帝之宝，于传胪日张挂；小金榜收贮于宫中。

一般而言，清代读书士子若要取得状元，必须有深厚的学术功底、卓越的属文能力。但实际上，状元的中与不中还有许多因素。顺治十五年（1658年），顺治帝在阅殿试卷时，非常欣赏江苏常熟人孙承恩的文笔，但又怀疑他与前一年因科举舞弊案发而被遣戍的孙旸有亲属关系，于是派学士王熙前去询问究竟。王熙到了孙承恩的寓所说，你上天堂或下地狱，就在你的一句话，你让我怎么回奏皇上呢？孙承恩听得此言，心中很是矛盾，过了许久，叹了一口气说，祸福乃是天命，但不能欺骗国君。他向王熙承认自己是孙旸之兄，并表示自己对此死而无悔。王熙回到宫中，据实回奏。顺治帝正秉烛等待消息，得报后很是赞赏孙承恩诚实不欺的品德，于是钦定为状元。

乾隆二十六年恩科，读卷大臣圈定江苏人赵翼为第一名，陕西韩城人王杰为第三名。殿试时，乾隆帝以历科状元多为江浙人，拟定此科不再取江浙人，便特召读卷大臣问："本朝陕西曾有状元否？"回答说："未有。"于是钦定王杰为状元，赵翼为第三名。赵翼想到自己入值军机处多年，进奏文字多出己手，又多次扈从皇帝出塞狩猎，伏地起草诏旨，功劳不小；此次会试前，慑于"历科鼎甲皆为军机所占"的舆论压力，变更字体，使阅卷大臣未识出自己的笔迹。如今就要到手的状元像煮熟的鸭子一样飞了，很是懊悔不已，但是皇帝的旨意不能违背，又只得自认倒霉，便作诗表达了自己无可奈何的心境："到老始知非力取，三分人事七分天。”“千秋自有无穷眼，岂用争名在一时？”

光绪三十年甲辰科，读卷大臣原拟朱汝珍为第一名。但名字中“珍”字触了西太后的神经，引得她颇为不悦。原来，光绪帝宠妃珍妃一向为西太后所憎恨，光绪二十六年她西逃前将珍妃扔入紫禁城井中。正在恼怒之际，一个“刘春霖”的名字映入眼帘，西太后脸上顿时面露喜色。她想，本年久旱不雨，“春霖”出现必定吉利。于是大笔一挥，将刘春霖定为一甲第一名。

据宋元强先生统计，清代共有状元 112 人，第一个状元是顺治三年（1646 年）丙戌科的傅以渐，最后一个状元是光绪三十年（1904 年）甲辰科的刘春霖。傅以渐（1609～1665 年），字于磐，号星岩，山东聊城人，中状元后即授予弘文院修撰，官至武英殿大学士、兵部尚书。学者称其为星岩先生。顺治十八年疏请解任回籍。他一生以清勤著称，著有《贞固斋诗集》。刘春霖（1872～1942 年），字润琴，号石infinity，直隶肃宁（今河北肃宁县）人，中状元后授翰林院修撰，后奉派赴日留学，民国时曾任直隶教育厅厅长，监督直隶高等学堂 7 年。抗日战争时期，日伪汉奸屡次邀他出任要职，均被断然拒绝，表现了封建时代知识分子的骨气。刘春霖因是末代状元，故自称“第一人中最后人”。

清代的 112 名状元中，在政治上起重大作用的不乏其人。其中，较为著名的有王杰和翁同龢。

王杰（1725～1805 年），字伟人，号惺园，晚号葆醇，陕西韩城人。乾隆二十六年辛巳科状元，授翰林院修撰，历乾隆、嘉庆两朝，官至军机大臣、大学士、实录馆总裁，参与许多重大军机政务的决策和处理，颇为高宗、仁宗二帝所倚重。他虽然与权臣和珅同列朝班，但始终不阿附于和珅，因而颇受排挤。嘉庆四年初仁宗欲处和珅极刑，朝廷一时处于混乱局面。王杰与其他大臣上疏劝言，为仁宗听从。最后，赐令和珅自尽，对和珅余党从宽处理，从而使朝廷的动荡局面很快恢复平静。嘉庆七年（1802 年），王杰告老还乡时，嘉庆帝特赐诗赞扬他："名冠朝班四十年，清标直节永贞坚。"

翁同龢（1830～1904 年），字声甫，号叔平，晚年自称松禅老人，江苏常熟人。咸丰六年（1856 年）丙辰科状元，授翰林院修撰，充实录馆协修。后任同治、光绪两朝皇帝的师傅，德宗光绪时官至军机大臣，参与了朝廷一系列的重大决策。中法战争和中日甲午战争时，他都坚决主张抗击法国、日本的侵略，痛斥李鸿章的妥协投降和卖国行径。他还多次当面斥责对朝廷进行无理纠缠的帝国主义驻华公使，称他们是犬羊中的虎狼，无耻无厌已极，在一定程度上维护了清朝的尊严和国家利益。以后，翁同龢又积极支持光绪维新变法，因得罪了西太后而被革职回乡。

在清代历史上，由状元而至军机大臣、大学士，成为飞黄腾达的人物毕竟是少数，但做到各级官吏，依然能够光宗耀祖，即使不做官，也拥有很高的社会地位。所以，状元令社会各阶层人士艳羡。例如，《儒林外史》第十一回所写鲁小姐因招赘的夫婿进门后，不用心读书，很是伤感，整日愁眉泪眼，长吁短叹。其母和养娘劝也劝不动，养娘只得用另一种方式劝说："当真姑爷不得中进士，你将来生出小公子来，自小依你的教训，不要学他父亲。家里放着你恁个好先生，怕教不出个状元来，就替你争口气。你这封诰（女人因子或夫做官而得到的封典）是稳的。"鲁小姐经此一劝，方破涕为笑，"叹了一口气，也就罢了"。可见，状元在科举时代的影响是很大的。实际上，在科举制度废除以后，科举时代的许多典故、名物早被人们遗忘，唯独"状元"一词仍在群众中继续使用和传播，而且渗透到了各个行业领域中，俗语就有"三百六十行，行行出状元"之说。

（3）朝考。朝考与新进士的功名无关，而是从新进士中挑选庶吉士和授予官职的一次考试，于殿试传胪后三日（即四月二十八日）在保和殿进行。它始于雍正元年（1723 年）。

顺治、康熙时期，庶吉士都是由选拔（不经考试）而定的，数额无定。顺治三年（1646 年）殿试后，朝廷从傅以渐等一甲 3 人之外挑选了 46 名进士为庶吉士。九年，规定按直省大小选拔庶吉士。

雍正元年规定：今后新科进士在殿试后引见前，一律参加考试，以便察其学问水平，不使人才遭到埋没。考试用论、诏、奏议和诗四题，这就是朝考的开始。雍正帝还令大臣荐举，廷试合格后委任庶吉士。

乾隆元年（1736 年），御史程盛修上疏指出：自实行保举制后，所选庶吉士多为学问空疏之辈，应急停保举。乾隆帝对此予以批准，但又规定在仔细考核学问后，再令大臣察验每个人的仪表、年龄，分成三等进行选拔。三年，又废止大臣拣选例，改为按省分甲等第引见，再按朝考成绩甄别录用。终乾、嘉两朝，都推行此制。嘉庆二十二年（1817 年），嘉庆帝下谕旨指出，诏题多系拟古，不过临时强记，敷衍成篇，无多大实用价值，今后予以取消。道光二十一年（1841 年），宣宗下旨规定，此后新进士朝考阅卷，照乡、会试复试之例，拟定一、二、三等进呈。自此，庶吉士都要先经过考试，然后再选拔。

乾隆帝对朝考试卷极为重视，往往亲自审阅，力图选拔真才，杜绝弊端。乾隆三十四年（1769 年），他在审查阅卷大臣进呈的试卷后下了一道谕旨，指出其中的弊端，下令认真调查，严肃处理。乾隆帝说，王世维的卷中有“维皇降衷”句；鲍之钟卷中有“包含上下”，“包”为“鲍”的半字；程沅卷中有“成之者胜也”，“成”与“程”音同，全都隐藏了自己的名字。这绝不是“偶然适合”，疑是阅卷官与考生暗通关节，合谋作弊。由于史料的缺乏，我们不知此事处理结果，也无法判断作弊真伪。但从中确实看出身为最高统治者的皇帝，对朝考是多么的重视了。

朝考试卷称为“白折子”，系用白宣纸制作，无横、直格。书写时，起用“臣闻”，收用“臣谨疏”。书法必须工楷。考试时，一般派大臣或亲王监场，当日必须交卷，不准挑灯答卷，收卷后即由御史弥封，再由皇帝指定阅卷大臣进行评阅，以确定等级和名次。一等第一名称朝元。

朝考后选用庶吉士的具体方法是：综合复试、殿试、朝考等第之高下予以统计，等第之中尤其要以朝考成绩为重，三种考试名次均列前者，用为庶吉士；次等者分别用为主事、中书、知县。全班进士由翰林官带领引见，大约20%的人授庶吉士，70%的人授主事、知县，10%的人授予中书。

清代的制科取士制度

皇帝亲自下诏选取学问渊通的文人学士称为制科。清代，在既定科目之外，为延揽人才而增辟制科。制科科目又分为博学鸿词科、经济特科、孝廉方正科。

(1) 博学鸿词科。康熙皇帝非常重视笼络汉族知识分子，争取他们与朝廷合作。康熙十七年一月，他在一道谕旨中说：自古以来，一代之兴盛，必然要有博学鸿儒（又称博学鸿词）振起文运，阐发经史，润色词章，以备顾问著作之选，并要求中央和地方官吏各举所知，由皇帝亲试录用。他再三告诫各级官吏务要虚公延访，以期求得真才。经过一年多的举荐和遍访，有154名儒士被送至京师。十八年三月初一，以“璿玑玉衡赋”1篇和“省耕诗”五言排律二十韵1首为题，在体仁阁进行考试。结果录取了50人，其中一等20人、二等30人，分别授予编修、检讨、侍讲，入翰林院供职。这50人中，以江南省“为极盛”，录取26人；其次为浙江省，录取13人。江浙两省录取人数占总数的78%。这次考试不拘出身、资历、地位，一些名儒如傅山、杜越，虽然称病未试，也授予内阁中书衔。据传，傅山被举荐后坚不赴京应试，地方官命人强行把他送至京师。到了考试那天，傅山又拒绝去考场，被清廷官吏强用轿子抬到午门外，无论怎么劝说也不下轿，一官员生怕康熙帝怪罪，灵机一动，命轿夫把傅山翻跌出来，权当下拜谢恩，然后即以生病为由放他回籍。朱彝尊、李因笃、潘耒、严绳孙4人“以布衣试入选”，授翰林院检讨，参与纂修《明史》。后来，康熙帝南巡时，朱彝尊迎驾无锡，召见于便殿，亲赐御书“研经博物”匾额。黄宗羲、顾炎武等人虽被荐举却辞而不就，继续坚持不与清合作的态度，朝廷对此一概容忍，不予威逼，实行感化政策。由此可见，博学鸿词科的举行，其意义远远地超出了该科本身，它标志着朝廷和汉族知识分子合作格局的确立，并使清朝统治基础得到了进一步的巩固与发展。

雍正十一年（1733年），朝廷再次对汉族知识分子进行广泛搜罗，令各级官吏悉心查访，送至京师，以备皇帝亲试录用。但由于各省官吏办事不力，此次博学鸿词科未得以举行。

乾隆元年（1736年）九月，乾隆皇帝亲临保和殿，对应荐的176人进行考试。头场考赋、诗、论各1篇，二场考制策2篇。最后录取15人，其中一等5人、二等10人，分别授予编修、检讨、庶吉士。次年七月，又进行了一次补试，从26人中录取了4人，其中一等1人、二等3人，分别授予检讨和庶吉士。十四年，乾隆皇帝再次从中外疏荐的40余人中录取4人，其中2人因年老不能供职，另2人授予国子监司业。此后，随着清朝统治的稳固和民族矛盾的消失，便不再举行博学鸿词科了。

（2）经济特科。光绪中叶，一些有识之士纷纷倡言变法图强。光绪二十四年（1898年），贵州学政严修疏请设立经济特科。光绪帝令礼部会同总理各国事务衙门拟定有关章程，但由于西太后的坚决反对而作罢。二十七年，西太后迫于形势，被迫下诏举行经济特科，令内外官吏荐举，并由政务大臣拟定考试事宜。

光绪二十九年，各地荐举的370余人云集京师。政务处议定的考试内容为论、策各1篇。闰五月十六日，186人在保和殿参加了由光绪皇帝亲自主持的考试。题一为"《大戴礼》保保其身体，傅傅之德义，导师之教训，与近世各国学校德育、体育、智育同义论。"题二为"汉武帝造白金为币，分为三品，当钱多少各有定值；其后，白金渐贱，钱制亦屡更，竟未通行。宜用何术整齐之策。"这次考试时间为两天，首场入选者，方准予参加复试，张之洞等人为阅卷大臣。初试拟定梁士诒等48人为一等、桂坫等79人为二等。五月二十七日复试论、策各1篇，题一为"周礼农工商诸政各有专官论。"题二为"桓宽言外国之物外流而利不外泄，则国用饶民用给。今欲异物外流而不外泄，其道何由策。"荣庆、张之洞等人为阅卷大臣。这次一等录取袁家谷等9人，二等录取冯善征等18人，百余人均被裁汰。其中一等前5名仅取张一麐（音 lín，麟的异体字）1人。据说，慈禧太后（西太后）原拟照康熙、乾隆博学鸿词科成例，赐给录取者以翰林中书。但军机大臣王文勤对太后说，这些被录取者都讲新学，屡屡要求废科举，何必再给他们科甲之名呢？只求太后赏给他们每人一个饭碗就行了。西太后觉得此话很有道理，于是京职和外任官仅略有升叙，举人、贡士出身者只被任用为知县、州佐。这和康熙时博学鸿词科的“恩遇”简直无法相比。

（3）孝廉方正科。顺治十五年，朝廷曾举用孝子，由吏部考核后授予县一级的官职。但此举并未成为一种制度。

雍正即位（1723年）不久，就下诏各府州县举孝廉方正，赐给六品章服，以备朝廷选用。但由于朝野局势混乱，各地方官怠于采访，此科未得实行。同年，雍正再次下诏，严令各省督抚速遵前次诏旨，确访查举。不久，直隶、浙江、福建、广西各荐举2人，用为知县，年55岁以上者可用为知州。由此，孝廉方正科确立。此后历朝皇帝登极，都要下诏荐举孝廉方正之人，并予授官。

乾隆元年，刑部侍郎励宗万疏言，孝廉方正之举颇为冒滥，有失公道。要求今后慎重举荐，以维护此制度的尊严。乾隆帝接受了这一建议，令吏部核议此事。规定府、州、县举荐孝廉方正时，应由地方绅士和里党合词公举，再由州、县官吏访查核实，务要做到公平。如所举者系生员，则由州县官会同学政考核，并经督抚复查后保题，由朝廷给予六品章服荣身；如所举者果然德行才识兼优，则由督抚破格保荐，经朝廷验看核准，候皇帝谕旨选用。滥举者一概受罚。

乾隆五年，制定了考试条例，使孝廉方正科有章可循，进一步制度化。规定被保荐者，都要送交吏部验看，参加考试，内容为策、戕、奏各1篇。光绪六年规定，每年的二、八月，各会验奏考一次，过期者只给章服荣身，不准参加考试。

最初，孝廉方正科只授知州、知县二职。以后授官范围扩展到州同、州判及学校教职。该科自雍正年间设立以来，数百年间虽奉行不辍，但官员虚应故事，冒滥之弊屡禁不止。至宣统初年，各省所举多者百数十人，少者数十人，荐举之制更加冗滥。

（4）经学、恩赐与召试。

经学　始于乾隆十四年（1749年）。当时，朝廷以经学与世道人心有密切关系，特别是经学最容易吸引知识分子，故令大学士、九卿和各省督抚保荐精通经学之人，并规定不论进士、举人、诸生，或退休闲居家中者，均可应荐。不久，各省疏荐40余人，朝廷核实后，选取陈祖范、顾栋高、梁锡玙和吴鼎4人，并要他们将自己的著述呈交内阁。结果4人均合格，但因陈、顾2人年老不能供职，授予国子监司业衔；梁、吴2人授予国子监司业。

恩赐　始于康熙四十二年（1703年）。当年癸未科会试时，举人汪灏、何焯、蒋廷锡未能中式，康熙帝认为3人学问优长，下谕旨恩赐为进士，一同参加殿试。由此开始，清代历朝皇帝均有恩赐之举。受恩赐的对象，有以下几种情形：一为学问优长而乡、会试未中者。二为乡、会试中，年纪在七八十岁而未中试的老人，“加恩”赐予举人、进士，以示皇帝“爱士恤老之意”。三为“褒恤忠荩”。嘉庆十八年，京畿和直鲁豫3省交界地区爆发了林清、李文成领导的天理教起义。起义前，李文成因在滑县作宣传鼓动时被知县强克捷逮捕入狱，从而失掉了与林清的联系，结果两支起义军被分别击败。嘉庆帝认为强克捷在镇压这次起义中功劳甚巨，赏给其次子望泰举人。嘉庆二十二年，强望泰会试未中，仁宗又“加恩赏给”进士，准其参加殿试。四为大臣有功，其子被赏为举人或进士。如道光四年，《清仁宗圣训》和《清仁宗实录》纂修完成，宣宗赏大学士曹振镛子恩濙（音 yíng）、大学士戴均元、孙嘉秀为举人，一同参加会试。

召试 一般在皇帝外出巡幸时举行，始于康熙四十二年（1703 年）。当年初，圣祖巡幸江浙，御试士子，中选者赏给白金，令赴京录用。四十四年再次南巡时，颁给江南江西总督阿山等一道谕旨，令其“出示传谕，安徽、江苏举贡生监等，有精于书法，愿赴内廷抄写者，赴尔等衙门报名”，以备“朕亲加考试”。谕旨下达后，江浙一带数百名读书士子踊跃应考，圣祖亲自出题，内容为作诗和书法，最后录取五六十人，连同上次共录取70余人。此后，乾隆、嘉庆二帝历次巡幸，均有召试之举。当皇帝巡幸所至之处，前来迎

驾献册的进士、举人、贡监、生员，先要由当地官员和学校申报该省学政，籍隶他省者也可取具同乡正印官印结赴学政衙门呈明。然后，由学政会同总督、巡抚考试、录取。考试的当天，皇帝钦派大臣监视，侍卫率领护军四处稽查。考试内容为赋1篇、论1篇、诗1首，由钦派大臣评阅试卷，拟定等次后进呈钦定。按清廷规定，凡列一等者，进士、举人授内阁中书，贡生、监生特赐为举人。如遇皇帝南巡，则江南、浙江取列一等的贡生、监生也特赐举人，再授内阁中书学习行走；取列二等者各赏赐缎匹。凡取列二等者，特旨派令各馆充任誊录。清代前期，因召试而得举人、进士者达数百人，其中中状元、官至六部尚书者也不乏其例。如，姚文田，乾隆五十九年由举人召试为一等一名，授内阁中书，嘉庆四年乙未科中了状元，授翰林院修撰，道光时官至礼部尚书，颇受器重。

6 清代的翻译科取士制度

翻译科考试，是清代科举制度的一个创举。由于清朝是以满族贵族为主的满汉地主阶级联合专政的封建政权，统治者制定了各种制度和措施，千方百计地授予八旗旗人及其子弟以各种特权，翻译科考即为其中之一。该科考生仅限于八旗子弟（主要是满人，其次为蒙古人）。

早在清军入关以前，清太宗皇太极为了适应满族社会由奴隶制向封建制转化的历史要求，十分注重向政治、经济、文化均处于先进地位的汉族学习，于是在天聪三年（1629 年）于盛京（今沈阳）设立文馆，翻译汉书。著名的古典小说《三国演义》等都是在这一时期翻译的。翻译汉书，在一定意义上为翻译科考试创立了条件。

顺治初年开科取士时，不准八旗子弟参加，以维护“骑射为本”的国策。但此举引起八旗及其子弟的强烈不满。顺治八年，顺治帝诏令满洲、蒙古、汉军八旗子弟参加翻译科考试。这就是翻译科考试的由来。

清代翻译科也有童试、乡试和会试之分。清初童试初无定制，乾隆后期改为三年一考，以后相沿为例。具体考法是：满洲翻译，将汉文四书直解限 300 字为题，译为满文 1 篇；蒙古翻译，将满文日讲四书限 300 字为题，译为蒙古文 1 篇。试题由皇帝钦定，考试地点为贡院至公堂和聚奎堂。乾隆元年以后，考试内容由翻译四书改为性理小学，分别由南书房和军机处出题。童试录取初无定额，乾隆时规定为满洲翻译生员录取 60 名、蒙古翻译生员录取 9 名。

翻译乡、会试在雍正元年规定为三年一次，逢子、午、卯、酉年二月为乡试，辰、戌、丑、未年八月为会试。会试后殿试。乡试考 3 场，分别在初九、十二、十五日举行。雍正二年，翻译乡试改为一场考试，时间为一日一夜，内容为章奏一道，四书或五经酌量出一题。九年又规定，满蒙八旗翻译考试合为一场，考试结束后，主考官挑取中式之卷，并选备卷数本，一同进呈皇帝钦定。不过，终雍正一朝，只举行过翻译乡试，未举行过翻译会试。

翻译会试始于乾隆四年。乾隆帝规定，试题由正副主考官选拟数条，密封进呈皇帝钦定，考试时各派5名满汉御史担任稽查。鉴于翻译科考生人数甚少，不再举行殿试，会试合格者均赐进士出身，由吏部带领引见，以待皇帝酌量录用。乾隆七年，批准了礼部奏请，翻译会试举行两场考试：第一场考四书清文1篇、孝经性理清字论1篇；第二场考翻译题1道。同时，又恢复了殿试。殿试由皇帝钦颁翻译题1道，试卷由满洲读卷官阅看，然后进呈皇帝分定甲第。发榜时，获二甲者附于文会试二甲之后，三甲者附于文会试三甲之后，一同填入金榜，由吏部带领引见，以备皇帝录用。道光二十七年（1847年）特定：满洲翻译进士引见后，优者选为翰林院庶吉士，下科由钦命试题一道令其翻译，考取一二等者授翰林院编修，三等授检讨。汉军与蒙古翻译不在此例。这充分显示了对满洲翻译的优待。

翻译科考试是清代科举制度下的一个专项考试。它的设立，不仅为满族士人，而且为蒙古士人增加了一条晋身之路。这是有重要意义的，是紧密地联络蒙古各部，加强蒙古各盟、各旗王公贵族的向心力，是朝廷的一项重要国策。为此，清代历朝皇帝采取了许多行之有效的措施。事实证明，这些措施的贯彻执行，加强了满、蒙、汉民族的团结和文化交流，促进了蒙古地区的安定统一，从而巩固了清朝在全国的专制主义中央集权统治。但是，也应该看到，翻译科考试在清代，尤其是清后期也培养了一批庸劣之才。西太后的宠臣、为镇压戊戌变法立有功劳的刚毅就是一个典型。刚毅以翻译秀才起家，官至兵部尚书、协办大学士，但他却是一个文理不通、错别字连篇之人。有一次，他的仆人在书写“奏诏驰丹陛”时，将“驰”字“马”旁竟作“水”旁（即“驰”写为“池”），刚毅却一无察觉。还有一次，他见西洋文牍字字都被当作蟹书，对人说：“这倒是和咱们考翻译的文章差不多，不过不是满洲字罢了。”刚毅在大庭广众之中多说讹字，如称虞舜为舜王，将发陶之“陶”读作“如”，“瘐（音 yǔ）死”读“瘦死”，“聊生”读作“耶生”等等，不胜枚举。当时，有一位太史编了一首七律诗以嘲讽刚毅，其诗说：“帝降为王虞舜惊，发陶掩耳怕闻名。荐贤曾举黄天霸，远佞思除翁叔平。一字谁能争瘦死，万民可惜不耶生。功名鼎盛黄巾起，师弟师兄保大清。”（《南亭笔记》卷二）

7 清代的武科取士制度

清军在用武力统一全国的过程中，深知武功的重要性。因此，顺治二年开设文科的同时，又开设了武科，使之成为清代科举考试的重要组成部分。

清代的武科考试与文科考试一样，也分为童试、乡试、会试和殿试四级考试，被录取者分别称为武生（即武秀才）、武举人、武进士等。武科的条例、场规等均与文科相同。

初次参加武科的士子，称为武童生（简称武生）。康熙三年规定，京营武童试和各地武童试均一律定为三年一考。

武生童试分三场，前两场称为外场，第三场称为内场，外场重于内场。头场为马射，每个童生驰马射箭3枝，全不中者即被淘汰；二场为步射，连发5箭，仅中1箭以下者被淘汰；接着考试硬弓、刀石。两场考试完毕，主考官在成绩优异者的卷面上写一个“好”字，合格者的卷面上写“合式”字，其他的写“中等”，然后再与内场成绩综合比较，排定等次。第三场最初考策、论，后改为默写“武经七书”，即《孙子》、《吴子》、《司马法》、《尉缭子》、《问对》、《三略》、《六韬》。

武生平日所习功课，主要是弓马骑射。因为弓马骑射是满族的长技，发家的根本，与国家的兴盛紧密相连。皇太极在关外经常告诫八旗“无忘祖法，练习骑射”，并警告说：“后世一不遵守，以讫于亡。”清代前期，弓马骑射在军队武器装备方面始终占有绝对优势。正是这个原因，各地武学从一开始都“射圃修葺，置备弓矢，教官率武生童较射，以饬武备”。武生还要学习《武经》、《百将传》、《孝经》和四书，以便熟知封建纲常和伦理道德，从而自觉地为统治阶级的利益服务。学政三年任期届满前，要对每个武生出具一份考语（即评语）送交礼部，由礼部具奏请旨升入太学，准作监生。

武生乡试与文科一样，三年一科，即以子、卯、午、酉年的十月为正科，遇国家庆典为恩科。武生应试，先要由各省布政司造花名册，汇送主考官考试。考试地点：京卫武生在兵部、直隶各府在保定府、各省在本省布政司（其中山西大同府武生在大同府、陕西武生在西安府），康熙时定武乡试自十月初九日至十三日考试骑射技勇，十四日试内场（又称入闱）。

乡试分为内、外三场：第一场试马射；第二场试步射、技勇，称外场；第三场称内场，考试内容与武童生相同。后来康熙帝认为"武经七书"文义多驳杂，不全符合王者之道，而孟子说的"仁者无敌"和"天时不如地利，地利不如人和"则深谙用兵之道，因此，七书所言不可尽行采用。于是下令，三场考试增用《论语》、《孟子》等书。嗣后，三场试论 2 篇中，第 1 篇以《论语》和《孟子》出题，第 2 篇以《孙子》、《吴子》和《司马法》出题。嘉庆十二年，皇帝认为武乡试三场试卷"竟是虚文"，以此为据，必"屈抑真才"，欲将策论裁去，后经王大臣等核议，决定嗣后内场策论改为默写《武经》。具体做法是：由主考官在"武经七书"中拟出一段文百余字，由武生当场默写；如果武生不能书写或涂写错乱者，即为违式。由此，内场考试因策论取消而形同虚设。

武乡试录取名额，康熙二十六年规定为文乡试录取额的一半。雍正、乾隆时略有增加。武乡试录取者，称为武举人，简称武举。

武会试于辰、戌、丑、未年举行。应试者入京后先赴兵部查验，查验合格才准予会试。雍正元年以前，武举人和清军下级军官千总、把总都可参加会试。雍正元年停止千总、把总参加会试，只限武举出身者参加。

武会试也试内、外三场。外场由兵部侍郎主持，内场由科甲出身的阁、部员 4 人主持。清初，武会试中式，不必经过复试和殿试。乾隆四十年（1775 年），高宗规定武会试后要进行复试。届时，皇帝从六部满汉堂官中钦点二三员，由他们传集中式武举人，按照会试所规定的开弓、舞刀、掇石数量或重量，令武举人逐一演试，如发现与会试成绩不符，则照文会试磨勘之例，罚停殿试一科，并将会试时挑选的监试大臣交吏部议处。

清代中叶，随着清朝统治走向下坡路，武备废弛，武举人的技艺也日趋荒疏，因而武会试与复试的成绩多不相符，加之科举之风日滥，考官“有心支吾欺饰”，中式的武举人质量日益低劣。他们不学无术，横行乡里，欺凌百姓，不仅闾里不安，地方官对他们也无可奈何。有一次，江苏华亭知县许某想出了一个绝妙的惩罚方法：某日，一名武生将一乡下人扭送县衙，高声喊叫，非要县官治罪不可。知县许某一向廉洁正直，闻听有人喧闹，立即出堂讯问。原来，乡下人进城担粪，不慎将粪水溅至武生身上，武生顿生怒意，乡下人赶忙赔礼道歉，过路人也纷纷解劝。但武生就是不饶，非要将乡下人痛打一顿不可。许知县询知详情，也拍案大骂乡下人：“你这个小人也太粗心了，竟敢把粪水溅至秀才身上，按法律当治罪！”乡下人惶恐求饶。过了一会儿，许知县说："那就宽容你吧。"于是令武生坐于堂上，命乡下人向其磕一百个头。当乡下人磕了 70 多个头后，知县令暂停，把脸转向武生说："我倒忘了问个清楚，你是文秀才还是武秀才啊？"对方回答说是武秀才。知县接着对武生说："这就酿成了大错，对文秀才该磕头一百，武秀才一半就行了，现在乡下人多磕 20 多个头，你得还给他。"于是令乡下人坐在堂上受礼。此时武生目瞪口呆，不肯下跪磕头。知县令差役把武生拉至堂下，强按其头向乡下人磕了 20 多个头。武生满面羞愧，掉头就跑。知县和众人抚掌大笑。

道光十三年（1833 年）宣宗下令，武会试后，先由皇帝钦派的二三名磨勘大臣进行磨勘，待磨勘大臣"复勘复奏后，兵部再行奏请钦派王大臣复试"（《光绪会典事例》卷 717）。磨勘和复试合格者才准予殿试。

武殿试是清代武科的最高一级考试。顺治二年规定，武会试结束后，即于当年的十月中旬举行殿试。殿试的主要内容是考试策文，策题由读卷官拟出，皇帝钦定。

武会试揭晓后，兵部即将殿试策文及考试马、步射及弓、刀、石等项，并传胪日期拟定具奏皇帝。殿试时，以朝臣 4 人为读卷官。策文考试（嘉庆时改为默写《武经》百余字）后，皇帝亲阅马步射、弓、刀、掇石，钦定甲第。然后，交与读卷官填榜、传胪唱名。

殿试传胪，一甲三名赐进士及第，头名称武状元，二名称武榜眼，三名称武探花。二甲赐武进士出身，三甲赐同武进士出身。然后，兵部尚书将榜交给兵部司官，由其捧至午门前，跪设龙亭内，行三叩礼。接着，以乐部奏乐为前导，銮仪卫校尉将龙亭抬至长安右门外张挂。诸武进士均随行观榜。传胪后，还要赐武状元盔甲，并由巡捕营官兵护送武状元归第。次日，在兵部赏赐会武宴，赐给武状元盔甲、腰刀、繖（音sǎn，与伞通用）袋、鞋带、鞋袜等物，赐诸武进士银两，由户部支付。

武进士的录用。顺治三年规定，一甲一名授予参将、二名授游击、三名授都司，二甲均授守备，三甲均授署守备。康熙十一年规定，自一甲一名起，前一半选授营职，后一半选授卫职。二十九年又规定，武进士可以由兵部请旨，交领侍卫内大臣带领引见，以从中选拔侍卫。雍正五年，世宗谕令：一甲一名授为一等侍卫、二名三名授为二等侍卫，二甲拣选10名授为三等侍卫，三甲拣选16名授为蓝翎侍卫，此后相沿为例。

清代前期的皇帝，很重视对武进士的简选教育。例如，清圣祖在康熙五十一年下谕旨说：武进士充任武官后，即有整饬营伍的职责，但“未登仕前，不知事宜，仕后安有裨益”？为此下令，此科武进士都要分发八旗，交与护军统领，“令其学习骑射，教以仪度”，经考核成绩优秀者，“不拘科分名次，即行补用”。雍正六年，世宗下令，对在兵部供役的武进士要考核、拣选：弓马娴熟、人才可观者，以营守备注册，各照科分名次推用；弓马生疏、人才不及者，令其回原籍勤奋学习，待学有成效，再“赴部听候拣选”（《光绪会典事例》卷566）。

清代自顺治三年丙戌科至光绪二十四年（1898年）戊戌科共录取武状元109人（见朱寿彭《旧典备征》卷4）。总的来看，这109人均为庸碌无为之辈，倒是未中武状元的武举人中，颇有些干练之才。其中较为著名的要算嘉庆、道光两朝的重臣杨遇春了。

杨遇春，四川崇庆人。乾隆四十四年（1779年）中武举人，次年即在清军营中效力。四十九年随四川总督福康安征讨甘肃回民起义军，因“功”拔补为龙安营把总。从此，杨遇春便活跃在朝廷镇压起义军的舞台上，先后参与镇压了乾隆末年的林爽文起义、嘉庆时期的白莲教起义和天理教起义、陕西岐山木工起义，为稳固清朝的统治立有功勋。他虽然双手沾满了人民群众的鲜血，但一生中也做了点好事，即道光初年参加平定新疆准噶尔叛乱，维护了祖国的统一和民族的团结。杨遇春颇为仁宗、宣宗父子器重，从清军的下级军官一直升到陕甘总督。仁宗赞扬他“忠君急公”，宣宗在他70寿辰时亲笔御书“绥边锡祜”，并赠对联和“福”、“寿”字，给予很高的荣誉（《清史列传》卷37，《杨遇春》）。

8 八股文和试帖诗

清承明制，考试使用的文体是八股文，但也有发展，这就是加上了试帖诗。

(1) 八股文。又称制艺、时艺、时文、八比文。因题目取之于四书，又称四书文。

八股文渊源于元代，明初正式定为考试文体，完善于成化年间，发展于弘治以后，盛行于有清一代，至清末始废。著名历史学家邓广铭先生指出：自元英宗恢复科举制度以来，所定的《考试程式》就明确为必须从四书中出题，答卷又必须用南宋理学家朱熹的《章句》和《集注》，且还规定了字数。其后，有人作出《书义矜式》(即以答卷者本人所作的经义之文作为社会上读书士子的范本)，从而成为八股文的滥觞（见《宋代文化的高度发展与宋王朝的文化政策》，载《历史研究》1990 年第 1 期)。

明太祖朱元璋是一个缺乏文化素质和修养的人，他建立明朝以后，以极为残暴的集权专制主义维持其统治。在文化事业方面，明太祖极为赞赏元代的考试规定和做法，在和重臣刘基商议以后，决定将八股文作为科举考试的体式固定下来，并专取四书五经命题。考生在答卷时必须“代圣人立言”，即用孔夫子的口吻和思想来写文章，其间不准发挥自己的见解，更不准提出建议。清代在此基础上又加深了一步，由“代圣人立言”改为“代圣贤立言”，这里的“圣贤”除了孔子外，还有曾子、子思、孟子及孔门诸弟子，另加朱熹等宋代儒学家，尤其要求考生用圣贤朱熹的口吻和思想写文章和说话。

那么，八股文究竟是一种什么形式和内容的文章呢？以往许多书上都有说明和解释，但著名的明清史专家郑天挺先生指出，这些说明和解释中准确的很少。他认为毛泽东在《中国革命战争的战略问题》一文中的注释，对八股文的解说最为准确。

> 八股文是十五世纪到十九世纪中国封建皇朝考试制度所规定的一种特殊文体。八股文每篇由破题、承题、起讲、入手、起股、中股、后股、束股等部分组成。“破题”共二句，说破题目的要义。“承题”用三句或四句，承接破题的意义而说明之。“起讲”概说全体，为议论的开始。“入手”为起讲后入手之处。起股、中股、后股和束股这四个段落才是正式的议论，中股为全篇文字的重心。在这四个段落中，每一段落都有两股两相比偶的文字，合共有八股，所以叫作八股文，亦称为八比。（《毛泽东选集》卷一第225页）

郑先生认为，以上解释文字很可能出自毛泽东本人之手。因为毛泽东生当清朝末年，正赶上学习写作八股文的时候，他是懂得八股文的。郑先生根据毛泽东的解释和自己的藏书，对八股文和试帖诗作了迄今为止最有权威的论述（见《清代考试的文字——八股文和试帖诗》，载《故宫博物院院刊》1982年第2期。以下引用本文时不再注明出处）。以下举几个实例。

光绪十六年（1890年）会试的题目是：

子贡曰：夫子之文章可得而闻也，夫子之言性与天道不可得而闻也。子路有闻，未之能行，唯恐有闻。

这是用《论语》中的两章合在一起作为一道试题。其意思是，弟子们对孔夫子的文章是了解的，但对他关于性和天道的含义却不得而知了。子路一听到孔子的话就立即照着去做，但如做不到时，就非常害怕听见。这里讲了“闻”和“行”两方面，要求考生能自觉地将它们概括出来，并加以论述。当时有一个考生名叫张叙宾，河北磁县人，时年 41 岁。他是这样开头的：

闻有难以言传者，无不可以行励也。盖由文章而推之性与天道，秘于言，宜体诸行也。子路之恐，亦同一励行于闻之意耳。

开头两句的意思是，听老师的话是很难用言语来表达的，只能以行为磨炼自己。这就既点明了“闻”，又点明了“行”，将题目的要义一语道破，故称为“破题”。一般而言，八股文的开头二句都为破题，即将题目的意义破开。破题既不能将本题的基本意思遗漏，又不能一览无遗地全部写出；所用文字既要简括、浑融，又要含蓄，以便能与承题自然衔接，使人读起来顺耳。另外，破题时如须写上圣贤名字，则不能直呼其名，而用代字，如尧、舜称“帝”，孔夫子则称“圣人”。

接下来的几句大意是，由孔夫子的文章，推广为谈论性与天道，孔子对性与天道虽然从不讲解，实际上是让弟子们在日常行为中加以体验。而子路担心的，正是怕自己的行为没有符合老师的教诲。这几句则进一步说明了“闻”与“行”二者之间的密切关系，即为“承题”。“承”是“接续”之意，有承上启下作用。承题的句子，要语意明快，上下关联密切，不能让人一看，觉得破题是破题，承题是承题，两不相联。承题中涉及圣贤时不需避讳，可以直接称呼尧、舜、孔子。破题和承题，虽然文字不多，在全文中所占分量极小，但作用却十分重要，即揭示了全文的主旨。另外，由于它们是文章的开头，首先映入考官眼帘，如能写得娓娓动听，使考官爱不释手，就能得高分；如考官一看平淡无味，就无心思再往下看了，后边写得动人，也有落榜的可能。张叙宾写的破题和承题，一开头即抓住了考题的要旨，并做了进一步的说明，语言明快，语意深刻，语句精炼，颇有引人入胜之感。再看他下边的语言和写法：

> 且圣教本无隐，而时欲无言，亦以道不远人，第求诸言不若实课诸行耳。行所得闻，而未闻者可默会焉；若行所已闻，而可闻者且递引焉。此其诸智者知之，勇者励之，而圣教难宣之隐与学人务实之修，类举之，无难显白于天下。

这段话的大意是，圣人（孔夫子）的教诲本无所隐讳，他之所以有时不讲，是因为其思想并不远离于人，但弟子如一味追求圣人的言语，还真不如考查自己的行为呢。弟子的行为如来源于圣人的言论，那么，未听到的人就需要认真加以记诵；弟子的行为如是在听到圣人话之后做的，那么，能够听到的人应继续这么做。这样，智者就能及时了解圣人思想，而骁勇之士也能以此激励自己，而圣人教诲难以传布之隐讳和士人务实之风，都不难表露于天下。这一段话就是“起讲”，概说全文的大意，为议论的开始。由于八股文是“代圣贤立言”，因而这段话就是作者张叙宾把自己作为圣贤代言人而发的议论。换句话说，通过张叙宾的口说出圣贤心里要说的话。起讲通常用“意谓”、“若曰”、“以为”、“且夫”（张叙宾只用了个“且”字）、“尝思”等字开头。张叙宾的文章写得不错，颇受考官青睐，因而会试中式第4名。

起讲后，用一两句或三四句引入本题，称为入手，也称为领上、领题、入题、落题。一般来说，入手点清本题的界限，使考官了解考生要谈什么事情或什么人物。入手之后，就是八股文章的4个主要段落了，即起股、中股、后股和束股。

起股、中股、后股和束股4个段落中，每个段落都有两比（“比”是“对”的意思，即对仗、对偶），故又称为起二比、中二比、后二比、束二比（也称末二比），合为八比，即八股，八股文的名称就是由此而来的。每个段落的两比内，凡句之长短、字之繁简、声调之缓急，都须相对成文。下面举一个分股的例子。

光绪二十年顺天乡试，试题是："诗曰：衣锦尚䌹。"锦，是中国传统丝织品中最为华丽的一种；䌹（音 jiǒng），是一种粗糙的麻布制作的罩褂。意思是：人穿着最精美的丝织品时，外面还要加上一件粗糙的罩褂。当时，有一个名叫肖开甲的考生写了这样的两句话：

> 诗人知草衣卉服，特为上古之遗风，则入朝庙而黼黻休明，正有取朱绿苍黄之用。
>
> 诗又知正笏垂绅，特遵一王之定制，则考缋事而设施采色，谁能掩山龙藻火之辉。

这里，黼黻（音 fǔfú）指古时礼服上绣的半白半黑的花纹。缋（音 huì）同绘。这两句就是两比（即两股）。两比的字词之间完全对仗（即对偶），结构也完全相同。

一般而言，起股每股四五句或七八句，句子要求简练而紧凑，意在题前着笔，以提起全篇的气势。起股后要用一两句或三四句，将全题点出，称为出题，以接中股。中股每股 10 余句或 20 句，可以从正反两方面尽情发挥题之义蕴，笔法要显得轻松、灵巧。后股每股也是 10 余句或 20 句，因其处于题的最后位置，要求作者既要将题旨畅发无遗，又要笔法庄重踏实，以振起全篇的精神。否则，考官读到此处也早已进入梦乡，其后果更可想而知。束股每股 2 ~ 4 句，带有结束语之意。乾隆朝以后，八股之格有改为六股的，这是将中股和后股合成为一股，起名为“大股”，大股写作的好坏，又往往成为评判文章优劣的主要依据。

八股文的写作不得有“犯上”、“犯下”的禁忌之语。例如，《论语》中“止子路宿，杀鸡为黍而食之，见其二子焉。”如果考官出题“杀鸡为黍而食之”，考生若涉及孔子“止子路宿”则为“犯上”，若涉及“见其（子路）二子”即为“犯下”，都是不允许的。据民间流传，某年科考题为《杀鸡为黍而食之》。一老童生坐在考场上，搜索枯肠，绞尽脑汁，不知从何处下笔，忽然灵机一动，眼睛一亮，写出两股：“其或公鸡欤？其或母鸡欤？抑或不公不母之阉鸡欤？”“其或白鸡欤？其或黑鸡欤？抑或不白不黑之麻鸡欤？”（见《龙门阵》第一辑，四川人民出版社1980年版）其大意是：这鸡是公鸡？是母鸡？还是不公不母而被阉割的鸡？这鸡是白鸡？是黑鸡？还是不白不黑的麻鸡？说了半天，费了很多笔墨，确做到了既不“犯上”也不“犯下”，但在“鸡”上兜来绕去，啰啰唆唆，没话找话，全是废话。

顺治二年规定，清代八股文每篇限550字。乾隆四十三年，高宗下令每篇为700字，违者不予录取，遂成定制。

八股文有范文读本。自明朝以来，读书士子为追求功名利禄，拼命学习和钻研八股文。于是，教人学习写作八股文的书应运而生，并到处充斥集市。当时，这类书统称为选本、稿本两大类：集名家之作称为选本，集一人之作称为稿本。乾隆年间，高宗以民间坊刻冒滥，质量低劣，特下诏编选一本专供读书士子楷模的八股文范本。桐城派鼻祖方苞根据皇帝的旨意，选录了明清两朝名家的时文，每篇详加圈点批注，择要述评，经皇帝亲自过目，定名为《钦定四书文》四十一卷，颁行于全国。嘉庆年间，路德编选《小题正鹄》专选小题文章。顺便谈一下，清代八股文试题分为三种：一为大题，即把经书（如《论语》）中的两章合在一起作为一个题目，上引张叙宾答的考题即是。二为小题，即只用经书中的一句，如“子曰：学而时习之，不亦说乎！”三为接搭题，即把两句话截去头尾，拼凑而成，如“不亦乐乎人不知”，这种题考生还可理解，但有的题简直是一种令人哭笑不得的文字游戏了。近代著名学者俞樾在河南主持考试时，出了一题“君夫人阳货欲”。许多考生接题在手，思考半日，不知如何作答。原来，这道题是把《论语》中的两篇，即《季氏篇》中的“邦君之妻”章的最后一句“异邦人称之亦曰君夫人”，与《阳货篇》中“阳货欲见孔子”章的第一句，经过割裂、拼凑接成的。这种怪题根本考不出考生的真实水平，相反只能促使科举考试中各种不良风气的接踵出现，预示着科举制度快要走到了尽头。上面所说的《小题正鹄》刊行于世后，当时和以后的影响都相当大。因为考进士一般出大题，考秀才一般出小题，所以《小题正鹄》在秀才考试阶段颇受读书士子的欢迎，成为他们必读的模范文选。

清朝末年和清朝灭亡以后，许多人对八股文体进行了口诛笔伐。例如八股文要求代圣贤立言，对于四书五经的解释只能以朱子（朱熹）的注解为准，不准发挥考生个人的见解；八股文体裁所规定的固定的模式、死板的层次和对仗的字句，都使人们的思想陷于僵化、顽固和保守。这些都是非常正确的，也是毋庸置疑的。然而，一个事物总有两重性，八股文也不例外。例如，八股文首先要点明主题思想，接着从正反两方面逐条进行分析，最后得出简明扼要的结语，以及语言明快、语句简练、笔法轻巧和引人入胜、振起精神的写法，都值得我们学习和运用。对仗而言，它仍是我们今天写作诗词的基本要求。由此可见，八股文贻害无穷，无可否认；但把八股文体骂得一无是处，也欠公允。

（2）试帖诗。来源于唐代。唐高宗时，明经科考试以帖经取士。具体做法是，将经书上下文用纸帖起，空出中间一行，令考生将帖起的经文补写出来。这实际是一种默写经书的方法，当时称为试帖。又由于诗在唐代处于鼎盛时期，一些考进士的人可以用作诗来替代帖经，称为赎帖。试帖诗的得名由此而来。自王安石变法对科举制度进行改革，罢除明经科，不再以诗取士，直至乾隆前期，科场均不考诗赋。乾隆二十二年（1757 年），高宗出于“核实拔真”，即选拔真才实学的愿望，下令自本年会试为始，将第二场考试表文 1 道改换成“五言八韵唐律一首”，次年乡试时“一体用诗，垂为定制”（《光绪会典事例》卷 331）。从此，试帖诗成为清代科举考试的一项主要内容。

试帖诗出题必用经、史、子、集中之语句，也可用前人的诗句，举凡天、地、草、木、鱼、虫及古、物、情、景都可入题。试帖诗也与八股文一样，都有不可逾越的格式。诗的题目前面一律有“赋得”二字，其下是一句古人的五言诗，后注“得×字”，即限定必须用该字的韵；又注“五言六韵”或“五言八韵”，即所作之诗要用六个韵或八个韵，就是需作出一首12句或16句的五言排律来。这里需要说明“赋得”的准确意义。郑天挺先生指出，“赋得”实际上是由元朝至明初的一种白话演变出来的一个词。“赋”即是诗，“得”是合乎之意。

试帖诗共8联16句，首联如破题，次联如承题，三联如起讲，四五联如中股，六七联如后股，八联（又称结联）如束股。但与八股文不同的是，试帖诗要求前4句（两联）诗中基本上要包含题目的全部（至少也要大部）文字。这里，我们将商衍鎏先生在《清代科举考试述录》一书中列举的一首试帖诗及其注释抄录于下，以便对试帖诗这个体裁有一个较为全面的了解。

赋得一树百获得年字

题目出于《管子》：“一年之计，莫如树谷；十年之计，莫如树木；终身之计，莫如树人。一树一获者谷也，一树十获者木也，一树百获者人也。”

树人同树木，百倍得英贤。

当此吟其获，何须计以年。

无双桢干出，拔十栋梁全。

妇子欢迎室，文章富纳川。

疆宜勤乃亩，禄自受于天。

得谷车堪载，还金镒早捐。

本支培孔厚，朝暮取应先。

圣代师师庆，重赓朴卒篇。

题面说树获，题情是树人，又切“一”字“百”字，须照应“树”字“获”字而关合“人”字，是题旨矣。“年”字是题外得字，兹分释之。

一二联题解了然，点题清楚，并作出官韵年字（每联的最后一字贤、年、全、川、天、捐、先、篇都是年字韵，题中的四个字，前两联里用上三个字，是符合规定的）。三联“无双”切合“一”字，而国士无双，桢干栋梁语意，仍绾合到“人”字。四五联用百室、百川、百亩、百禄意，切定“百”字，实作“树”、“获”正面。六七联用《说苑》淳于髡得“百”车，《韩诗外传》田子相齐，得金“百”镒，《诗经》本支“百”世，韩愈送温处士序“朝取一人焉拔其尤，暮取一人焉拔其尤”，从“百”字“一”字收清全题，不脱“人”字。八联颂扬双抬，用“百僚师师”切“百”字“人”字，朴卒切“人”不脱“树”字。全首若不将其用典说明之，当不知其语意之所在。

由于商先生参加了光绪三十年会试并中式，作过八股文和试帖诗，因而他的解释具有权威性。

试帖诗也有范本。嘉庆时，路德与人共同编选了一本《七家诗》，流传很广，成为清代中后期士子们参加秀才考试的“考试大纲”。

试帖诗与八股文一样，须以孔孟和朱熹的思想为依据，考生不能离开诗题任意发挥自己的见解。

9 清代科场弊病与科场案、文字狱

科举考试一向标榜为公平竞争、公平取士，但实际上轻易办不到，清代也不例外。清代的官吏，常常在科举考试中营私舞弊，或收受贿赂，或结交上司，或优待亲朋好友；一般的应试士子则八仙过海、各显神通，在科场上下干尽种种违法之事。这些都引起了统治阶级的震动。康熙三十九年（1700 年），康熙帝御制一首《为考试叹》，严厉申饬营私舞弊的各级考官：

> 人才当义取，王道岂纷更？
> 放利来多怨，徇私有恶声；
> 文宗濂洛理，士仰楷模情，
> 若问生前事，尚怜死后名。

这里，“濂”指宋代著名理学家周敦颐（濂溪先生）；“洛”指周敦颐的弟子、著名理学家程颢、程颐二人，因他们都是河南人，且长期在洛阳讲学，故以“洛”统称之。诗的意思是说，科举考试本应按公平竞争的原则录取人才，国家定的制度不容有丝毫变更；如果一切按照私利来办事，必定要招致怨恨，自己也在社会上留下一个很坏的名声；文章不能叛离程朱理学，应试士子皆仰望那些不徇私情的考官；作为一个考官，他生前的所作所为，都要顾惜自己死后的声望和名誉。

康熙帝的诗句表明，他对考官的教诲真可谓苦口婆心。以后历朝统治者也制定了不少法规，甚至对违反者不惜处以重刑，致使清代科场场规和禁令之严，超过了以往各代，但科场弊端却屡禁而不止，其严重程度也超过了历代，而且科场弊端进而发展成的科场案件，无论从数量上，还是从规模上，也都是各代所不及的。

（1）科场弊病。在清代科场中，士人作弊之法甚多，现择其要者叙述于下：

第一，怀挟法。应试者在进入考场前，将预先准备好的文章或藏在衣服的夹层中，或藏在考篮的夹层中，或藏在所携食物中和自己的鞋底下。

第二，用襻（音 pàn）法。按科场规定，应试者交卷之后，均由誊录生用朱笔重抄一遍，以防考官阅卷时认识笔迹。于是，有些应试者事先用重金收买誊录生，相约以卷中的某一行为基准，其上一行的某格必用某字，其下一行的某格必用某字，这如同衣服上之有襻（即结带）一样，故称为襻。应试者进场后，必先于卷上将此两字填在事先约定之处，以免遗忘。之所以用两个字为记号，目的在于防止因用一个字而出现的偶同现象发生。

第三，传递法。考官先将试题送出考场，再将枪手（即应试者所雇的代做文章之人）所作的文章传送场内。据说，具体传递法很多，较为普遍的一种是用鸽子，即把考题拴在鸽子腿下，再将鸽子放出考场，飞入应试者居处。二是用重金贿买考官或考场中的办事人员，由他们秘密传递。

第四，顶替法。应试者本人不到考场，而由预先所雇的枪手到考场答卷。当时，试卷上虽填有应试者的年貌，但世上之人中，身材、长相类似者颇多，因考场上人数众多（往往有数千、上万人），也无暇一一核实。

第五，龙门掉卷法。考试时，应试者和枪手同时进场，接卷后，立即掉换，其诡秘和神速程度，无人知晓。作枪手之人，主要是为了获取金钱。据钟毓龙先生回忆，光绪二十九年（1903 年）枪手的价格为前三后三。未入场之前，应试者先付枪手 300 元，称为前三；榜发后，不中则已，中式者须付 3000 元，称为后三。为防止应试者毁弃前言，枪手入场令其出立借据，上面写道："某某科举人某某，因场后需用，向某某借到银三千元。"这样，应试者中式后，有借据为凭，无法抵赖。

当然，枪手也有被识破的时候，不过有的人有考官作后盾，可化险为夷。据清朝末代举人钟毓龙先生回忆，光绪癸卯科（1903 年）二场刚点完名，钟先生在号中忽听得外面甬道上有喧嚷声及蹴踏声，赶忙出号观看。见一群应试者正推搡一个人向公堂走去。旁边有人告诉钟先生："此去年已中式之湖州人费某，此次混入场中作枪手，为其怨家所知，号召其同乡从号中曳之出，请监临（考官之一）法办也。”费某被推至公堂后，考官郭某忙问何事，费某赶紧俯首下跪。郭某问：“你姓费吗?”回答说：“是。”郭某让他抬起头来。费某刚一抬头，郭某拍案大骂：“费某我认识，你不是费某，敢来冒充费某，实属可恶。”令左右将其赶出大门外枷号示众。据钟先生解释：“郭之如此办法，系为保全费之性命起见。如认为确系费某，应正法也。后费仅革去举人而已。”（《科场回忆录》第 79 页）

清代，不仅众多士子在科场上竞相作弊，就连一些督抚大员、官僚显宦的子弟也相率效尤。陈天仉先生在其遗著《清代科举制度》（载《史学集刊》1989 年第 1 期）一文中，将他们的丑态描写得入木三分，活灵活现：

> 某翰林和李星沅（道光时作过云贵总督）有师生关系，时时过从。星沅做京官时，带眷同住一起，其孙幼梅已进学，但不爱读书，某翰林一天对幼梅说：“你若是肯用功读书，我若放了湖南主考，一定收你做门生。”幼梅说：那就请你指示一关节（指作弊方法）。某翰林便说：以“水烟袋”三字嵌入试帖诗前两句中。不料次年某翰林竟放了湖南主考，幼梅大喜过望，满以为今科必中，见妻追问，就将预定关节情形告知。其妻回娘家转告了兄长张广孚及其连襟俞鸿庆。主考阅卷时发觉三本卷子都有“水烟袋”三字，其中有

两本试卷较差，一本很好，料定幼梅爱硕，必是诗文较次的，而以好的一卷录为副榜。及拆去弥封，李中了副榜，而张俞两人却中了举人。

此类例子，在清代科场中数不胜数，无法一一列举。

（2）科场案。清代，朝廷始终将防止科场弊病视为要政，行法从不姑息，清初一些学政甚至为此遭到腰斩的酷刑。

雍正时，俞鸿图为福建学政。他本是一个操守清廉、谨小慎微之人，每逢科考对其仆从管制颇严，以防传递之弊。不料，他的仆从作奸犯科，每逢有传递之文，即贴在他背后的补褂上，仆役轻轻揭取，显示给应试士子，而俞鸿图本人始终无所察觉。此事后被揭发，世宗勃然动怒，下令将俞腰斩示众。当时，侍讲学士邹升恒为监斩官。邹虽与俞为儿女姻亲，但慑于朝廷法令，不敢向俞透露事情原委。俞鸿图在绑赴刑场时也不知自己所犯何罪。在刑场上，俞被刽子手一刀斩为两段，血流遍地，疼痛难忍，在地乱滚（按：刽子手在执行腰斩前，向索小费，得费即令其速死，否则任其受罪迟死。俞因仓促受刑，未及行贿），“以手自染其血，连书七‘惨’字。其宛转求生之状，令人目不忍覩（音 dǔ，睹的异体，意看见）”。当邹升恒将此事报告世宗之后，世宗也“为之恻然”，宣布从此废除腰斩之刑（见李伯元：《南亭笔记》卷 4）。

如此严酷的刑法，也丝毫不能禁绝科场之弊，科场案件仍接踵而至。这里仅举其大者为例，简要述之。

顺治丁酉科场案　顺治十四年（1657年）八月，顺天举行乡试，应试者近6000人，但录取名额只有206人。许多读书士子辇金载银，挖空心思，寻找贿赂考官途径。当时，正副考官是曹本荣和宋之绳，同考官为李振邺、张我朴、郭浚等人。他们年轻气盛，野心勃勃，都把这次考试当作交结权贵以便日后往上爬的良机。为此，对千多名权贵子弟私下大肆许诺，其中李振邺在外所通关节就有25人。为入闱后便于寻对，李振邺将25人姓名写在一张纸上（落于其仆冯元手中）。张我朴在录取过程中竟能左右考官，凡他推荐与说情的人都榜上有名。

李振邺原与贡生张汉交往过密，成为忘年之交。但不久，两人因一件小事翻了脸。在阅卷过程中，李振邺私自涂抹张汉试卷，使其落第不中。张汉一气之下，向朝廷揭发李振邺等人贪污受贿等罪行。一时间，途谣巷议，人情汹汹。同年十月十六日，刑科右给事中任克溥上疏参奏此事，并举例说，一中式举人用银3000两同科臣陆贻吉送交李振邺、张我朴手中，请求皇帝集群臣会讯。大学士王永吉为讨好满臣，迫使冯元交出纸条。不料，纸条上赫然排列第二名的正是其侄王树德，使王永吉大惊失色，除了上疏自劾外，立将王树德毙于狱中以灭口。

世祖获悉此事，立即传旨都察院会审，并下令将李振邺、张我朴、陆贻吉等7人处斩，家产没收入官，父母、兄弟、妻、子女均发配关外尚阳堡，曹本荣、宋之绳交部议处。同时又令礼部速将中式举人送入京师，亲自复试。礼部接旨，立即通告各府、州、县。各地方官像对待囚徒一样，将中式举人押送起解，昼夜兼程，赶赴京师。次年正月十五日，世祖亲自在太和殿复试，试题钦定，并选派得力大臣阅卷，每个举人身边都站有一名兵丁，试场气氛紧张，如临大敌。复试之后，朱汉雯等182人获准参加会试，8名文理不通者被革去举人。四月，世祖为稳定人心，决定对此案有关人员从宽处理，原拟立斩、立绞之25人各责40大板，发配尚阳堡充作苦役，主考官受到了免议的处分。

与顺天乡试案的同时，江南乡试也发生了科场舞弊案。江南乡试主考官为方犹、钱开宗。方、钱二人离京赴任前，世祖曾当面告诫他们，行事要“敬慎秉公”，否则立斩，“决不轻恕”（《清世祖实录》卷112）。他们到了江南后，利用职权大肆受贿，谁给的钱多就录取谁。榜发后士子大哗，或到文庙前痛哭，或做诗文杂剧唾骂。方、钱乘船离去时，许多士子也尾随着唾骂，有的更投砖掷石。不久，江宁（今南京）书肆刊行一本传奇《万金记》，以方字去一点为万、钱字去戋旁为金，暗指两主官姓氏，书中详细揭露了方犹、钱开宗二人的不法行为，不仅在江南一带产生了很大的影响，而且流入京师，引起朝野的注意。

清世祖得知此事极为震怒，下令将方、钱二人革职，严刑审讯。次年三月又亲自对江南新榜举人进行复试。其结果，74名举人获得参加会试资格，24名举人被罚停会试二科，14 名文理不通者被革去举人。

刑部在审讯此案时，初拟将主考官方犹处斩、副主考钱开宗处绞，其他考官发配尚阳堡充作苦役。十一月底，世祖在一道谕旨中以方、钱违背皇帝面谕，纳贿作弊，极为可恶为由，将二人立斩，同考官 18 人全部处绞，妻子家产全部没收入官，一些有名的士子如吴兆骞（清初著名诗人）因复试时科场气氛紧张，战栗不能握笔即被杖责 40 板，家产入官，同父母、兄弟、妻子一起被发配到宁古塔充当苦役。

因该年为丁酉年，历史上，两案合称丁酉科场案。

与顺天乡试科场相比，朝廷对江南乡试科场案的处置要严酷得多。这绝不是感情用事的结果，而是有深刻的社会原因的。清军入关以后，为加强自己的政治统治，亟须打击和裁抑江南地主阶级在明代数百年间形成的传统政治和经济特权，为此制造了许多大案，江南乡试科场案即为其中之一。事实证明，在这一案件中，江南（主要是江、浙地区）一带的封建文人“涉丁酉一案不下百辈”，其组织（称为社）“几乎息矣”（杜登春：《社事始末》）。江南地主阶级在政治上受的打击，于此可见。

顺治时期的顺天、江南乡试案，在全国引起很大震动。统治阶级的严厉镇压，对各级考官和知识分子确实起到震慑作用。康熙、雍正、乾隆、嘉庆、道光时期，各地科场案虽时有发生，但一般而言，形式、规模和影响都不大。

咸丰戊午科场案　咸丰八年（1858 年），顺天乡试，主考官为军机大臣、内阁大学士柏葰，副主考为户部尚书朱凤标、都察院左都御史程庭桂，同考官有翰林院编修浦安等人。

九月放榜，满洲人平龄中第7名。由于平龄曾登台演戏，违反了清廷有关旗人不得演唱戏文的禁令，故他的中式被看作有伤朝廷脸面。此时御史孟传金又上疏，弹劾平龄朱墨两卷不相符合，更进一步引起了舆论的哗然。文宗为此勃然动怒，命令大学士载垣、端华等人认真查办。结果，发现平龄试卷草稿不全，诗文中误字疵谬达7处之多，又发现50多名士子的试卷也应复查。文宗感到了问题的严重性，即将主考官柏葰革职，朱凤标和程庭桂暂时解任，由载垣等人严加审讯。平龄也被收押狱中，不久竟病死。

在进一步的审讯和复查过程中，又发现兵部主事李鹤龄与柏葰、浦安等狼狈为奸的事实。原来，本年乡试前，应考的刑部主事罗鸿绎多次拜访同乡、兵部主事李鹤龄，后者随拟关节条子，约定头篇文末用“也夫”，二篇文末用“而已矣”，三篇文末用“岂不惜哉”，诗末用“帝泽”。随后，李鹤龄便把条子递送同考官浦安，求其照应。浦安又通过柏葰家人靳祥买通了柏葰。这样，罗鸿绎就挤掉别人而中举。事成之后，浦安得银300两、李鹤龄得银200两。

咸丰九年二月，文宗在一次召见群臣中指出，柏葰身为一品大员，辜负皇恩，藐视国法，在科场中竟敢营私舞弊，实在令人痛心。为正国法，下令将柏葰立斩，并派户部尚书肃顺等亲临法场，监视行刑，浦安、罗鸿绎、李鹤龄也先后处斩。

朝廷在审讯浦安时，又发现了副主考程庭桂的收受关节案。此案的事实是：本年科场考试之前，兵部尚书陈孚恩子景彦、工部左侍郎潘曾莹子祖同和程庭桂的姻亲、湖南布政使潘铎子敦俨等人，均通过程庭桂子程炳采传递关节条子，程庭桂入闱接收后即交给家人保管。但以上诸人榜发后均未中式。七月，文宗在一道谕旨中指出，朝廷对于应试举子交通嘱托、贿买关节等弊，处置条例极严，因此，不得以上述诸人未中式而不受处分。他下令将程炳采处斩，程庭桂和未中式诸人都加恩发往边疆地区效力赎罪。

岂料，咸丰十一年七月文宗病逝，西太后发动政变，处决了辅政大臣载垣、端华、肃顺等人后，为巩固自己的权力，进一步打击异己，指使御史任兆坚等人替柏葰翻案。任兆坚秉承旨意，上疏称承审此案的载垣等人有意揽权，多方罗织罪名，胡乱定案，请求皇帝为柏葰等人昭雪。新即位的穆宗虽不敢得罪西太后，但更不能贸然把矛头指向已去世的皇考文宗，于是下了一道诏书，除严词斥责了载垣等借文宗痛恨科场弊端之由擅作威福，公报私仇，以牵连朦混之词使柏葰身遭重刑之外，又说经过反复思维，称柏葰无罪实不可能，只是念其身受道光、咸丰两朝厚恩，平日办事尚能勤慎，因此法外施仁，赐柏葰子钏濂四品卿衔，如遇官吏有缺时，则以六部郎中选用。至此，本案彻底画上了句号。

此案前后约有百余人受到了处斩、充军、革职解任、降级调用、罚俸、革去举人等惩罚，而柏葰则是清代唯一因科场案被处斩首的一品大员，也是隋唐开科取士以来遭受重辟的职位最高的一名朝廷重臣。可见，该案是清朝科场案中首屈一指的巨案。

鲁迅祖父周福清科场行贿案　周福清，字介孚，进士出身，官至内阁中书。光绪十九年（1893 年）浙江乡试，主考官殷如璋与周福清是同年进士，关系密切。周福清为了给自己的儿子（即鲁迅之父）和亲属中几个生员打通关节，特派仆人将一万两银票送给殷如璋。仆人前来行贿时，恰巧殷如璋正和各考官闲聊。殷接信后已知信中有物，但又不便当众拆开，便暂将信放置桌边，表示出毫不在意的样子。不料，送信仆人粗鲁无知，不谙世事，左等右等不见回音，气愤无比，便在屋外高声喊叫，说此信关系银钱大事，怎么能不给个回条就把人打发走呢？殷如璋听见此话，又气又恼，不得已当众拆信开读，并令拿下送信仆人，向官府告发。此案惊动了德宗光绪皇帝。最后，周福清被判“斩监候”（死刑，缓期执行），在杭州府狱关押 8 年后释放。从此，周家一落千丈，彻底衰败下去。当时年仅 13 岁的周树人（即鲁迅）随母逃难外乡，饱受时人欺辱。

（3）文字狱。清代的文字狱兴起于顺治朝，盛行于康熙、雍正、乾隆三朝（尤其是雍乾二朝），基本上与科举和读书士子有关。值得注意的是，清代文字狱次数之频繁、株连之广泛、被祸之惨烈，均超过了以往各代。

综观这些文字狱，不外有下述三种情形：一为皇帝无意中发现；二为各级官吏揭发；三为士子欲图一官半职而逢迎拍马，不料却碰到了刀刃上。实际上，除了个别清初有“反清复明”的政治目的和统治阶级内部矛盾的因素外，都是最高统治者望文生义、捕风捉影、吹毛求疵而罗织莫须有罪名的牺牲品。清代文字狱有百起之多，在此择其要者略加剖析。

庄氏《明史》案　这是清初最大的一次文字狱。顺治后期，浙江湖州富户庄廷鑨购得明末史家朱国桢的《明史》，又请人增添了明代天启、崇祯两朝史事，后正式刊刻。该书收集了许多明朝野史、笔记遗闻，对清人最忌讳的满族与明朝的关系、明清间的战争等问题也据实叙述，多有诋毁清统治集团的文句。康熙二年（1663 年），此事被人告发。原归安知县吴之荣因贪赃在狱中度过 6 年，出狱后赋闲在家，听得此事，觉得诈骗钱财的好机会到了，指使亲家对湖州知府陈永命说：“奇货可居，贿赂的钱财快到手啦，我与你共享吧。”庄廷鑨此时已死，其父庄允城闻讯立即送银千两。不料，陈独吞了此银，吴之荣分文未得，便直接去庄家敲诈，因被拒，直奔京师刑部告发。鳌拜等四辅政大臣阅卷宗大为光火，严刑审讯，最后将庄、朱两家和参与该书编撰者及其亲属 70 余人斩决，数百人被徙边疆为奴。

查嗣庭“维民所止”案　雍正四年（1726 年），礼部侍郎查嗣庭出任江西考官，出题有“维民所止”四字。有人向清廷告发说，试题去掉“雍正”二字之头，显然是要砍掉皇帝脑袋。此时，世宗正欲寻机惩治居功自傲的权臣隆科多。便兴起大狱，将查嗣庭诛杀，亲属充军。隆科多次年也受惩处，死于禁所。但是，近年有学者认为，查嗣庭并未出“维民所止”题；他所出试题中，《易经》有“正大而天地之情可见矣”，《诗经》有“百室盈止，妇子宁止”。世宗闻讯大怒说，查嗣庭在试题中先用“正”后用“止”，这就与此前惩处的权臣年羹尧同党汪景祺的“正”有“一止之象”，“皆非吉兆”的恶意相同，都是诽谤自己的年号雍正、诅咒自己短命的。由此看来，“维民所止”大概就是因之推衍来的。

徐述夔《一柱楼诗集》案　徐述夔，江苏人，乾隆举人，著有《一柱楼诗》等，但未出版。他死后，儿子徐怀祖于乾隆二十八年将其诗集雕板付印。四十三年有人向清廷投递控告信，说诗中有诋毁清廷词句。高宗乾隆帝对此非常重视，亲自翻阅诗集，见其中有“明朝期振翮，一举去清都”和“大明天子重相见，且把壶儿搁半边”两句，认为语意相关，意含影射，显系“悖逆”之词。他大为光火地说：“借‘朝夕’之朝（音 zhāo)，作为‘朝代’之‘朝’且不用‘上’、‘到’等字，而用‘去清都’，显寓复兴明朝、推翻我朝之意。”还说“壶儿”与“胡儿”谐言，这不是骂清朝为“胡儿”、推翻他吗？在乾隆帝的亲自过问下，徐述夔父子虽已故世但也被剖棺戮尸，徐的孙子及同校刊书籍之人处斩，有关官吏也受到革职处分。

王肇基献诗案　乾隆十六年（1751 年)，正值乾隆生母、孝宪皇太后六旬大寿之年。原籍直隶、后流寓山西的王肇基，自恃文才，独自跑到汾州府同知衙门呈献“万寿诗联”，恭祝皇太后万岁。他本要显示自己才学渊博，故对孔夫子、孟夫子、程颐、朱熹等人进行评论，希望皇帝赞赏其“一腔忠心”，赐予一官。乾隆帝接到地方官的奏疏后破口大骂：“此等匪徒无知妄作，毁谤圣贤，编捏时事……其平昔之不安本分，作奸犯科，已可概见，岂可复容于化日光天之下。”（《清高宗实录》卷397）命令山西巡抚将王肇基立即杖毙。

安能敬试卷诗案　乾隆三十四年，直隶南宫县生员安能敬在乡试的卷面上写诗：“恩荣已千日，驱驰只一时。知主多宿忧，能排难者谁?”顺天学政阅卷后，心想此生员也真大胆，竟敢说皇帝多忧愁，无人为之排解，这不是讥讪乾隆吗？随即奏报乾隆，乾隆帝命冀州知州严审。安能敬供称，他的本意是想极力颂扬皇帝，无奈词不达意，诗学功底又差，随意填写，以致字句多不合宜，绝无他意。乾隆阅后，不知什么原因，网开一面，只说安诗是不通顺，尚无别故，不必斥革。这样，安能敬侥幸留下一命。

六 科举制度的灭亡

科举制度自隋朝创立以来，就不断产生新的问题和流弊，因而也就经常遭到一些有识之士的批判和抨击。

唐朝初年，地方官吏赵匡曾列举了科举制度的 11 种弊病，尖锐地指出进士科和明经科都是一种装饰和点缀，所学非所用，所用非所学。

宋神宗的时候，朝廷曾就科举制度的利弊进行了一场激烈的辩论。著名改革家、宰相王安石指出：当今少壮之人，都是年轻有为者，此时不让他们懂得和学习治理天下之道，却令其闭门学诗作赋，这就从根本上坑害了人才。后来，神宗听从了王安石的建议，罢除明经诸科，进士科的考试也取消了诗赋、帖经。

明末清初，许多有识之士对流传千余年的科举制度口诛笔伐。方以智说："我辈白面书生，岂能为救时良相?"（《粤行纪事》卷二）顾炎武说得更为深刻：现行科举制度注重诗文，其实这都是雕虫篆刻，对社会不仅没有多少益处，而且使士不成士、官不成官、兵不成兵、将不成将。为此，主张"文须有益于天下”，即文以经世。具体地说，就是每一个时代的文学，都有各自的风格，必然为各自时代所服务，其形式也必然顺着时代的演进而变迁。对于作诗，顾炎武也有自己的独到见解，指出了诗要抒发自己的性情，而不应注重奇巧，更不应去写那些无病呻吟的闲情诗赋。李颙也说：天下之治乱，决定于人才之盛衰，而八股取士实质上是以学术宰杀天下后世之人，其后果只能比洪水猛兽厉害得多。

乾隆初，统治集团在是否继续实行科举的问题上发生了一场激烈的争论。兵部侍郎舒赫德在一件奏疏中指出，科举制度只凭文取士，并非良法。况且积弊日深，侥幸中举者日众。士人一味追求空言泛论，以至辗转抄袭，肤词诡说，蔓延支离，只要能中举，什么歪门邪道都可运用。至于表、判可以预先拟作，答策可以随题敷衍，无一丝发明创造，无一点个人见解，怎么能够选拔人才呢？他坚决要求改革科举制度，使之为遴选真才实学服务。礼部遵高宗之命，对此进行了论辩，一方面认为舒赫德的奏言击中了科举制度的弊病，但另一方面却又振振有词地说：本朝英武干练之才济济，他们的出现都是实行科举制度的结果；只要考官们切实遵照皇帝谕旨和本朝各项制度，就可以力除积习，杜绝侥幸心理，文风也就会日益端正，真才实学者也就会层出不穷。由于高宗赞成礼部的观点，这场讨论也就自然而然地结束了。但是，科举制度日渐走向下坡路，却不是任何人所能阻止得了的。

乾嘉之际，大清皇朝的“鼎盛”时期已近尾声，满汉大地主阶级及其官僚统治机构日益腐朽。土地兼并激烈，赋役苛重，农民流离失所，阶级矛盾、民族矛盾极为尖锐，社会动荡不安，群众性的抗租、抗粮、抗差以至武装起义此伏彼起，遍及全国。与此同时，学术思想界也已经处于封建末世，到处暮气沉沉，犹如一潭死水。读书士子只会作无用处的八股文章，志气消磨殆尽，才学无益于社会。道光二十年（1840年）爆发的鸦片战争，不可一世的大清帝国遭到了惨败，随之而来的则是一个又一个屈辱的不平等条约，一次又一次的巨额赔款和割让土地。这使许多有识之士认识到，要想改变中国的落后面貌，必须改革政治制度，而废除八股取士尤为当务之急。著名学者龚自珍、魏源、黄遵宪等就是他们中的杰出代表。

龚自珍（1792～1841年），字伯定，浙江杭州人。道光进士。他一直大声疾呼社会要变革，把变革看作历史的必然规律。他在殿试对策时，从施政、用人等方面提出改革主张，并反复陈说八股取士的弊病，指出几百年的科场文章都是言不由衷，士子们将精神、体力白白耗于无用之学上。为了将改革变为现实，使中华大地呈现蓬勃的生机，龚自珍发出了震撼人心的呼喊：

九州生气恃风雷，万马齐喑究可哀。
我劝天公重抖擞，不拘一格降人才！

魏源（1794～1857年），字默森，湖南邵阳人。

道光进士。他谴责科举制度，认为它培养了无数的无用人才。为了转变读书士子的风气，引导他们研究现实社会的实际问题，他编纂了《圣武记》和《皇朝经世文编》。这两部书都大力提倡经世致用、匡时救国。魏源还主张按照一个人的办事能力及其业绩选拔人才，以改变在八股试帖下扼杀人才的弊端。

光绪年间，广东嘉应（今梅县）人黄遵宪（1848～1905年）在其诗文中把科举制度窒息士人聪明才智的祸害与秦始皇焚书坑儒相提并论，揭露八股文取士制是束缚士人的枷锁，提出诗歌创作应该做到"我手写我口，古岂能拘牵？"他还以一个政治家深邃的政治眼光，洞察到科举制度已走向没落，并满怀激情地预言，科举制度定将废除："后有王者兴，张网罗贤俊，决不以文章，此言我敢信。"（《人境庐诗草》卷1）

光绪二十年（1894年）至二十一年的中日甲午战争，清军惨败，丧权辱国；随后签订的中俄密约，震撼海内外，震惊朝野上下。封建士大夫中的有识之士和资产阶级改良派发起了维新变法运动，千百年来束缚人们思想的科举制度立即成为众矢之的，被群起而攻之。其中，康有为和梁启超可称为反封建科举制度的先锋人物。

康有为（1858～1927年），字广厦，号长素，广东南海人。出身于世代书香的名门望族，和科举取士制有着千丝万缕的联系，但他对科举制度的弊病有着深刻的认识。他在考场上喜欢发挥自由思想，针砭时政，宣传维新，因而屡屡受挫。甲午战后，康有为和他的弟子广东新会人梁启超（1873～1927年，字卓如，号任公）拼命鼓吹变法维新。康有为在给皇帝的奏疏中多次指出，科举制度下的教育严重脱离社会实际，造成人才匮乏，因此要求人才，就必须不拘资格，不论资排辈，建立新式学堂以适应培养人才的需要。光绪二十四年，他更明确地指出，所谓变法，就是要先变更科举制度。梁启超紧随其师，在其长篇名著《变法通议》中，把变法的根本内容归纳为废科举，兴学校，变官制。在康有为的授意下，梁启超等人乘光绪二十四年五月各省举人会集京师的机会，发动公车上书，敦请朝廷改革科举制度。在这次公车上书中，梁启超激情满怀地指出，目前强敌交侵，国家积贫积弱，其根源就在科举不变，人才奇缺；以八股文、试帖诗取士，读书士子只能谈论经书，不准谈论天下大事，这就造成所学非所用、所用非所学，严重地脱离了社会实际。所以，自考官至考生，多有不知汉唐为何朝代，贞观、洪武为哪朝皇帝年号者；真正能博古通今者，一县之中甚至找不到一个人，而有专门学问的人就更少了。他愤怒地指出，科举取士是一种愚民政策，如不立即废除，中国必将自取灭亡！同时又请德宗特下诏旨，宣布自下科乡会试起，废止八股文、试帖诗。但由于守旧派及与八股相依为命的部分举人的强烈反对，这次公车上书未取得任何效果。

光绪二十四年六月，在德宗决心变法的影响下，康有为再次上疏，提出新政建议。其中，重要内容之一仍是废除八股，设立学堂。当德宗亲自召见时，他又口头提出这一要求，获得首肯。接着，梁启超也呼吁朝廷永远停止八股取士。当月底，德宗发布上谕，宣布自下科开始，科举考试废止八股文，改试策论。此后，科举制度虽然未被废除，但八股文退出考场和各省学堂的设立，不能不说是历史发展的一个进步。

光绪二十八年，管学大臣张百熙上疏指出，科举制度不废止，各省学堂就断不能正常而健康地发展。为此，他提出“递减法”以逐渐废止科举制。所谓“递减法”，就是录取中额每科递减1/3，10年后减尽，科举废止。然而，此时日益高涨的革命运动，粉碎了朝廷的改良迷梦。

光绪二十六年欧美八国联军侵占北京，胁迫清政府签订《辛丑条约》，使中国的政治、军事、经济和文化等领域蒙受了巨大损失。这就进一步暴露了清朝政府的卖国嘴脸，使资产阶级革命派和广大人民愈来愈认识到，要救国必须推翻这个媚外的卖国政府，并为此进行了各种形式的反清斗争。光绪三十一年，孙中山先生的同盟会制定了“驱逐鞑虏，恢复中华，建立民国，平均地权”的政治纲领，并提出了三民主义学说，更把这一斗争推向了高潮。此时，清朝已处于行将灭亡的四面楚歌声中。为了延缓灭亡，清政府采取各种措施以进行最后挣扎，正式废除科举制，便是其中之一。当年八月，清德宗接受了袁世凯、张之洞等朝臣关于“请立停科举，以广学校”的建议，并下了一道谕旨正式宣布：“自丙午（光绪三十二年，1906年）科为始，所有乡、会试一律停止，各省岁科考试亦即停止。以前举贡生员，分别量予出路。”（《清德宗实录》卷548）至此，实行了千余年的科举制度终于寿终正寝，退出了历史舞台。

七　科举制是非评说

历史上，任何一种制度都不是凭空出现的，而是那个时代的要求，适应了当时社会的发展。

隋唐以前，军功地主、世家地主和门阀地主相继居于统治地位，因此，适应他们政治要求的察举征辟制和九品中正制，基本上是以血统、门第与财富作为选官的主要标准，选官的权力也操纵在世族豪门手中。这种严格区分尊卑、贵贱的选官制度，与隋唐以后日益壮大的、毫无世袭特权的官绅地主、庶民地主的政治要求发生了尖锐而激烈的矛盾。科举制度就是为适应这种社会关系的变动而出现的，是一个历史的进步；科举制自隋朝建立，中经唐、宋，至明、清前期达于鼎盛，再到清末灭亡，其间长达1300年，在古今中外的历史上极为罕见，因此又是有生命力的。这主要表现在以下两个方面：

第一，对中国的政治、经济和文化产生了重要作用，促进了文化领域和专科学术的兴盛、繁荣与发展。

科举制度以其公开考试、平等竞争、择优录取的特色，使孔夫子的“学而优则仕”由理想变成了现实，并在1300年间培养了大批官吏，其中有许多著名的政治家、思想家和文学家，如白居易、王维、杜牧、范仲淹、王安石、文天祥、海瑞、张居正、魏源等。北宋范仲淹主持的“庆历新政”、王安石的变法和明朝张居正的改革，都是人所共知的。他们的所作所为，对于缓和当时的阶级矛盾、稳定社会秩序、发展社会生产力，都有促进作用。而张居正的变法更推动了当时商品经济和资本主义萌芽的发展。海瑞是一个连皇帝老子都敢批评的清官，直至今天人们都把他看作是清正廉洁、敢于与邪恶势力斗争的象征。文天祥是南宋的末代状元，他在与元朝统治者的军事斗争中兵败被俘，坚决拒绝元世祖忽必烈和蒙古贵族的多次诱降，临就义前写下了“人生自古谁无死，留取丹心照汗青”的著名诗句，成为人们进行爱国主义教育的优秀教材。

唐代是我国古典诗歌的黄金时代，宋代是词创作的繁荣时期，而元代则是散曲创作的发展时期。这种情况的形成，均与科举制有重要关系。

唐初试进士用策论，策论在当时已是一种很讲究声律对偶词藻的骈文，与诗的技巧十分接近。唐高宗之后以诗取士，作诗既成了士人的投献之礼和日后进身之阶，这就必然促使他们将自己的主要心血浇灌于诗的创作之中。相传，唐德宗时，诗人白居易初到长安，拿着自己千锤百炼的诗文谒见著名诗人、官吏顾况。顾况见自己面前的这个士子不足20岁，且貌不惊人，颇有轻视之意，又见诗文封面“白居易”三字便戏谑地说：“长安米价贵，要在这里‘居’是不‘易’

的。”及翻看诗文，读到“野火烧不尽，春风吹又生”时，不禁拍案叫绝，马上改口说：“能做如此好诗，不但在长安，且在任何地方‘居’都是‘易’的。”其实，像白居易这样著名的诗人和流传千古的诗篇是很多的。今天我们能见到的就有2200多个诗人创作的近5万首的诗歌，诗体大备，风格多样，内容丰富，反映了唐代历史发展的面貌和社会生活的各个方面，在中国文学史上具有光辉的独特地位。

金诤同志指出，在宋代，科举出身的士大夫文人垄断了政权，他们身上官僚化的程度极强，因此诗歌在科举政治影响下多言理、少言情，带有很多的说教气和道学气，这就刺激着一门新的专以抒情的文学体裁——词大大地发展起来。宋代著名的词人辈出，词作不仅抒发了一些悲欢离合、男女爱情的感叹，更充满着慷慨悲壮的忧国忧民激情。大家熟知的民族英雄岳飞的词《满江红》就是其中的名篇佳作。元朝科举规模狭小，录取的汉人士子数量少，使大批儒生既求仕无门，转营工商又非所长，于是走上同民间艺人结合的道路，从而促进了散曲的成熟和兴盛。

明清两代的中央政府，组织大批儒臣文士（其中有不少状元和进士）编辑和刊印了许多卷帙浩繁的类书和丛书，举世闻名的《永乐大典》、《古今图书集成》和《四库全书》即是。这三部名著的纂修，既对中国古代典籍进行了系统整理，又对传统文化作了全面总结，为后人留下许多可资借鉴的成果和资料，有利于我们今天批判地继承传统文化遗产。

清代取士重于书法，促使书法界百花齐放，更加丰富多彩。清人的篆隶书法，超越了前代；楷书承袭了唐、明两代的遗风。清代末科状元刘春霖工于书法，尤精小楷。时人有“大楷学颜（唐代著名书法家颜真卿），小楷学刘（刘春霖）”的说法，这也已为现代学子所熟知和习用。

第二，对亚欧一些国家文官制度和考试制度的形成产生了积极影响，对世界文明作出了贡献。

唐代，就有外国人（主要是朝鲜人）参加中国的进士科考试。朝鲜人崔致远严守父训，以头悬梁、锥刺骨的精神勤奋学习，于唐僖宗乾符元年（874 年）在中国考中进士，并任溧水县县尉。高丽光宗九年（958 年），朝鲜仿照唐朝的科举制度，设立进士、明经二科，考诗、赋、时务策、帖经、墨义。安南（今越南）在元顺帝以前就实行过科举制度。明朝初年，作为中国属国的朝鲜、安南奉明太祖朱元璋的诏令，实行科举制度。读书士子在本国乡试后，可到明朝京城参加会试和廷试。越南人民的领袖胡志明的父亲在阮氏王朝时曾考取过进士。

中国通过科举考试选拔文官，颇受西方人的重视和赞誉。著名的《大英百科全书》（第 11 版、14 版）就曾指出：“我们所知道的最早的考试制度，是中国所采用的选举制度及其定期举行的考试。”在 16、17 世纪东学西渐中，早期来华的西方人士（主要是传教士），以及 18 世纪资产阶级启蒙学派，都对中国通过平等竞争的考试选拔政府文官的方法予以赞扬：“西方许多人认为，中国用统一的考试来选拔官员的制度有许多优点。它促使人们重视教育和文化，可以产生一批文化素质较好的官员。考试制度也可以限制皇帝的权力。如果没有竞争性的考试，许多比较重要的职位将会为世袭皇家贵族所占据，而次要的职位也会被皇亲国戚、世袭贵族瓜分掉”（刘乃银：《中国古代科举制度对西方近代文官制度改革的影响》，《文史杂志》1989 年第 6 期）。正是由于他们的宣传鼓动，英、法、美等西方主要国家，都先后通过考试选拔文官，建立文官制度，并在考试中以中国科举制度的秀才、举人、进士品位制为样板，建立了他们自己的学士、硕士、博士学位制。这样，就克服了贵族垄断政权和政党竞选分肥所带来的许多弊病，有利于政局的稳定和政府行政效率的提高。当然，欧美国家考试的内容、形式、结果，与中国科举制根本不同。这是由于时代和社会性质相异而造成的必然结果。

科举制度既然是中国封建社会的产物，那么它必然会与封建社会一样，存在着不可避免的时代局限性和各种弊端。相传，唐太宗李世民有一次在宫门前看到新进士们有秩序地排着长队进进出出时，不禁拍掌大笑说：“天下英雄入吾彀（音 gòu）中矣！”（彀中指弓箭射程所及的范围）这充分证明，科举制度是封建统治阶级笼络读书士子和一部分贫寒百姓的绝妙办法。如果说，科举制度在封建社会处于上升时期的唐宋两代能够培养许多杰出人才的话，那么，随着明清两代中国封建社会进入后期衰败阶段，就成为统治者维护旧的封建秩序、抵制社会进步的一种工具了。这时，可以说科举制度坑了国家，坏了学术界，毁了人才。

科举制坑了国家。科举制度产生之日即重文轻武，对自然科学技术采取轻视、贬低的态度。唐朝设有明算科，但由于出仕前途渺茫而根本不被重视；明朝初年一度把数学作为考试内容之一，但很快又将其取消了；清圣祖康熙帝嗜爱自然科学，从传教士那里学习天文、历算等知识，又亲用科学仪器测量水势，令人制造火器，但他却不将自然科学技术列入科举考试内容，相反却一味信赖祖传弓马惯技。与此同时，欧美列强自 1492 年哥伦布首航美洲后，经济和科学技术突飞猛进，并迅速完成了资产阶级革命。之后，他们为了寻求世界市场和原料产地，时刻想要叩开中国大门。显然，一味只读四书五经、作八股文出身的官吏们是应付不了这种形势的。1840 年的鸦片战争，腐朽的清皇朝遭到了惨重失败，随之而来的是一个又一个的不平等条约，一次又一次的割地赔款，主权几乎丧失殆尽。

科举制坏了学术界。治史以尊重史实为主，向来是中国的优秀史学传统之一。早在 2500 多年前的春秋时代，就有这方面的记载。一次，齐国的执政大臣崔杼杀死了国君。太史据实书写此事："崔杼弑其君。"崔杼一见大怒，立即将太史杀死。太史的弟弟重新书写，崔杼警告他：如果你不抹掉此句话，你哥哥就是前车之鉴。太史弟弟因断然拒绝而又被杀了头。太史的另一个弟弟依然照写不误，崔杼终于被太史的正义感震慑住，不敢再挥屠刀了。南史氏在家听说太史阖门被诛，很是气愤，于是不顾身家性命，抱着竹简前往宫中，准备继续书写，半路上得知真相方才作罢。明末清初，中国社会经历了一场巨变。一些著名的思想家如黄宗羲、顾炎武、唐甄等人纷纷批判封建君主。黄宗羲说："为天下之大害者，君而已矣！"（《明夷待访录》）顾炎武说："天下兴亡，匹夫有责。"（后人据《日知录》卷十三而概括的话）唐甄说："凡为帝王者，皆贼也"（《潜书·室语》）。他们的言论虽然没有否定君主专制政治，却意在抑制封建帝王的专制、独裁，具有早期启蒙思潮的性质。康熙初年，江南名士陆圻因《明史》案被株连，锁解京师前告诫他的儿子："终身不必读书，似我今日！"是啊！如果终身不读书，确实落不到今日如此可悲的下场。这教训真是太深刻了。此后雍正、乾隆时期，文字狱一个接着一个，被祸之惨目不忍睹，广大士子真是噤若寒蝉。他们不敢撰写明清历史，更不敢总结历史，以史为鉴，借史抒发自己关心国事、忧国忧民的情怀。于是，他们把精力纷纷转向整理古代的史籍，以考证史事、订正谬误为职志，使学问陷入了空疏、泥古、复古的歧途，回避了社会现实，脱离了政治。直至清中叶，学术界成为一片万马齐喑的死气沉沉的局面。

科举制毁了人才。唐代科举以诗赋为主，导致唯务文词吟咏的空疏之弊，宋代王安石变法又走上了士子专注一经、白头不悔的局面。明清时期科举考试专以四书五经命题，作八股文，代圣立言，而不得抒发自己的思想见解，更远离了社会实际。读书士子们只知择经拟题，模仿八股选本，死记硬背，此剽彼袭，对传统的经史之学都不感兴趣，更不要说天文历算之学、兵农钱谷之事、经邦治国之术了。《儒林外史》第7回说，范进中举后做了学道。有一天，他和幕客们闲谈，一个幕客向他讲了一个故事：某年四川学道听说苏轼的名字后，在四川全省查了三年，总不见苏轼来应考。范进听得此话，也不知幕客讲的是笑话，皱着眉头脱口回答说："苏轼既文章不好，查不着也罢了。"学道出丑，毕竟不是大事，而且又是小说中的故事。然而，现实中暴露出来的丑态更令人懊恼和气愤。道光时期，煊赫一时的权臣徐桐，不仅把算学斥为洋鬼子的学问，而且竟不相信西班牙和葡萄牙的存在。他为此振振有词地说，法国和英国经常派人向中国索取利益，他们自己也觉得不好意思了，于是随便胡诌出西班牙和葡萄牙的国名来。清末，有个考官出了一道中西历史名人比较的考题《项羽拿破仑论》。八股士子们只知有项羽，不知拿破仑为何许人何许物。于是，一个士子写道："夫以项羽拔山盖世之雄，安有一破轮而不能拿哉！夫车轮已破，其量必轻，一匹夫亦能拿之，安用项羽？以项羽而拿破轮，是大才小用，其力难施，其效不著，非知人善用之举也！"（《龙门阵》第6辑）读来真令人喷饭。难怪乾隆时期著名文学家袁枚在《随园诗话》卷十二中引用徐大椿《道情》诗中所说：

读书人，最不济，背时文，烂如泥。国家本为求才计，谁知道变作了欺人技。两句破题，三句承题，摇头摆尾，便道是圣门高第。可知道三通、四史（《通典》、《通志》、《文献通考》；《史记》、《汉书》、《后汉书》、《三国志》）是何等样文章？汉祖、唐宗是哪一朝皇帝？案头放高头讲章，店里买新科利器，读得来肩背高低、口角唏嘘！甘蔗渣儿嚼了又嚼，有何滋味？辜负光阴，白白昏迷一世。就教他骗得高官，也是百姓朝廷的晦气！

靠科举或其他方式爬上高位的臣僚们，在文字狱的淫威下，完全成了一群因循苟且、俯首帖耳、阿谀逢迎、蝇营狗苟的无耻无能之徒。道光时期，军机大臣曹振镛受帝恩遇最隆，俨然成为一人之下、亿万人之上的宰相。他的弟子一日向其求教为官之道，他竟回答说："无他，但多磕头少说话耳！"靠这样的人治国，国家焉有不败不衰不亡之理?！也正因为这样，科举制度的弊病又使一些进步的读书士子擦亮了眼睛，成为反封建专制制度的闯将和革命先锋，伟大的思想家、文学家、革命家鲁迅就是其中的杰出代表人物。

鲁迅（1881～1936年），原名周树人，字豫才，浙江绍兴人。他出生在一个封建士大夫家庭，在封建家庭的熏陶和教育下长大成人。光绪十九年（1893年），周家因科场行贿案发而败落下去，家庭的变故，成为鲁迅人生道路上的一个重要转折点。他从中看出了科举制度，乃至整个封建社会的真面目，从内心憎恶“这熟悉的本阶级”（《鲁迅全集》第4卷，第131页），逐步变成了封建社会的“逆子”、封建地主绅士阶级的“贰臣”。他以笔为刀枪，勇敢地向帝国主义、封建制度冲锋陷阵。对此，毛泽东在《新民主主义论》中作了全面的、科学的评价：

> 鲁迅是中国文化革命的主将，他不但是伟大的文学家，而且是伟大的思想家和伟大的革命家。鲁迅的骨头是最硬的，他没有丝毫的奴颜和媚骨，这是殖民地半殖民地人民最可宝贵的性格。鲁迅是在文化战线上，代表全民族的大多数，向着敌人冲锋陷阵的最正确、最勇敢、最坚决、最忠实、最热忱的空前的民族英雄。鲁迅的方向，就是中华民族新文化的方向。

科举制度培养了封建社会的批判者和掘墓人，这虽然超出了封建地主阶级的愿望和意料，却是历史辩证法，是不以任何人的意志为转移的辩证法！

科举考试程序简图

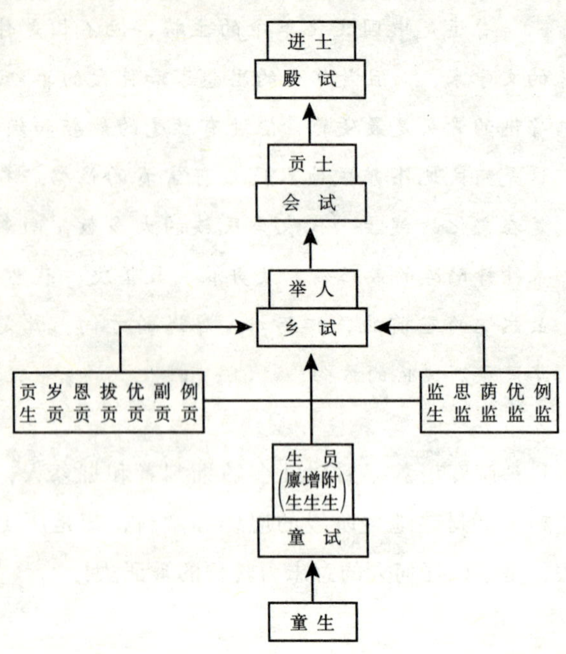

参考书目

1. 白钢主编《中国政治制度史》，天津人民出版社，1991。

2. 王道成：《科举史话》，中华书局，1988。

3. 许树安：《古代选举及科举制度概述》，天津人民出版社，1985。

4. 商衍鎏：《清代科举考试述录》，三联书店，1958。

5. 刘兆璸：《清代科举》，东大图书有限公司，1977。

6. 郭松义、李新达等：《清朝典制》，吉林文史出版社，1993。

7. 宋元强：《清朝的状元》，吉林文史出版社，1992。

8. 阎文儒：《唐代贡举制度》，陕西人民出版社，1989。

9. 陈茂同：《中国历代选官制度》，华东师范大学出版社，1994。

10. 金诤：《科举制度与中国文化》，上海人民出版社，1990。

11. 萧源锦：《状元史话》，重庆出版社，1992。

12. 吴宗国：《科举制与唐代高级官吏的选拔》，《北京大学学报》1982年第1期。

13. 宁欣：《唐代门荫制与选官》，《中国史研究》1993年第3期。

14. 关履权：《宋代科举考试制度的变化与地主阶级》，《中国史研究》1984年第4期。

《中国史话》总目录

系列名	序号	书名	作者
物质文明系列（10种）	1	农业科技史话	李根蟠
	2	水利史话	郭松义
	3	蚕桑丝绸史话	刘克祥
	4	棉麻纺织史话	刘克祥
	5	火器史话	王育成
	6	造纸史话	张大伟　曹江红
	7	印刷史话	罗仲辉
	8	矿冶史话	唐际根
	9	医学史话	朱建平　黄　健
	10	计量史话	关增建
物化历史系列（28种）	11	长江史话	卫家雄　华林甫
	12	黄河史话	辛德勇
	13	运河史话	付崇兰
	14	长城史话	叶小燕
	15	城市史话	付崇兰
	16	七大古都史话	李遇春　陈良伟
	17	民居建筑史话	白云翔
	18	宫殿建筑史话	杨鸿勋
	19	故宫史话	姜舜源
	20	园林史话	杨鸿勋
	21	圆明园史话	吴伯娅
	22	石窟寺史话	常　青
	23	古塔史话	刘祚臣
	24	寺观史话	陈可畏

系列名	序号	书名	作者
物化历史系列（28种）	25	陵寝史话	刘庆柱　李毓芳
	26	敦煌史话	杨宝玉
	27	孔庙史话	曲英杰
	28	甲骨文史话	张利军
	29	金文史话	杜　勇　周宝宏
	30	石器史话	李宗山
	31	石刻史话	赵　超
	32	古玉史话	卢兆荫
	33	青铜器史话	曹淑琴　殷玮璋
	34	简牍史话	王子今　赵宠亮
	35	陶瓷史话	谢端琚　马文宽
	36	玻璃器史话	安家瑶
	37	家具史话	李宗山
	38	文房四宝史话	李雪梅　安久亮
制度、名物与史事沿革系列（20种）	39	中国早期国家史话	王　和
	40	中华民族史话	陈琳国　陈　群
	41	官制史话	谢保成
	42	宰相史话	刘晖春
	43	监察史话	王　正
	44	科举史话	李尚英
	45	状元史话	宋元强
	46	学校史话	樊克政
	47	书院史话	樊克政
	48	赋役制度史话	徐东升

系列名	序号	书名	作者
制度、名物与史事沿革系列（20种）	49	军制史话	刘昭祥　王晓卫
	50	兵器史话	杨　毅　杨　泓
	51	名战史话	黄朴民
	52	屯田史话	张印栋
	53	商业史话	吴　慧
	54	货币史话	刘精诚　李祖德
	55	宫廷政治史话	任士英
	56	变法史话	王子今
	57	和亲史话	宋　超
	58	海疆开发史话	安　京
交通与交流系列（13种）	59	丝绸之路史话	孟凡人
	60	海上丝路史话	杜　瑜
	61	漕运史话	江太新　苏金玉
	62	驿道史话	王子今
	63	旅行史话	黄石林
	64	航海史话	王　杰　李宝民　王　莉
	65	交通工具史话	郑若葵
	66	中西交流史话	张国刚
	67	满汉文化交流史话	定宜庄
	68	汉藏文化交流史话	刘　忠
	69	蒙藏文化交流史话	丁守璞　杨恩洪
	70	中日文化交流史话	冯佐哲
	71	中国阿拉伯文化交流史话	宋　岘

系列名	序号	书名	作者
思想学术系列（21种）	72	文明起源史话	杜金鹏　焦天龙
	73	汉字史话	郭小武
	74	天文学史话	冯　时
	75	地理学史话	杜　瑜
	76	儒家史话	孙开泰
	77	法家史话	孙开泰
	78	兵家史话	王晓卫
	79	玄学史话	张齐明
	80	道教史话	王　卡
	81	佛教史话	魏道儒
	82	中国基督教史话	王美秀
	83	民间信仰史话	侯　杰　王小蕾
	84	训诂学史话	周信炎
	85	帛书史话	陈松长
	86	四书五经史话	黄鸿春
	87	史学史话	谢保成
	88	哲学史话	谷　方
	89	方志史话	卫家雄
	90	考古学史话	朱乃诚
	91	物理学史话	王　冰
	92	地图史话	朱玲玲

系列名	序 号	书 名	作 者
文学艺术系列（8种）	93	书法史话	朱守道
	94	绘画史话	李福顺
	95	诗歌史话	陶文鹏
	96	散文史话	郑永晓
	97	音韵史话	张惠英
	98	戏曲史话	王卫民
	99	小说史话	周中明　吴家荣
	100	杂技史话	崔乐泉
社会风俗系列（13种）	101	宗族史话	冯尔康　阎爱民
	102	家庭史话	张国刚
	103	婚姻史话	张　涛　项永琴
	104	礼俗史话	王贵民
	105	节俗史话	韩养民　郭兴文
	106	饮食史话	王仁湘
	107	饮茶史话	王仁湘　杨焕新
	108	饮酒史话	袁立泽
	109	服饰史话	赵连赏
	110	体育史话	崔乐泉
	111	养生史话	罗时铭
	112	收藏史话	李雪梅
	113	丧葬史话	张捷夫

系列名	序号	书名	作者	
近代政治史系列（28种）	114	鸦片战争史话	朱谐汉	
	115	太平天国史话	张远鹏	
	116	洋务运动史话	丁贤俊	
	117	甲午战争史话	寇　伟	
	118	戊戌维新运动史话	刘悦斌	
	119	义和团史话	卞修跃	
	120	辛亥革命史话	张海鹏	邓红洲
	121	五四运动史话	常丕军	
	122	北洋政府史话	潘　荣	魏又行
	123	国民政府史话	郑则民	
	124	十年内战史话	贾　维	
	125	中华苏维埃史话	杨丽琼	刘　强
	126	西安事变史话	李义彬	
	127	抗日战争史话	荣维木	
	128	陕甘宁边区政府史话	刘东社	刘全娥
	129	解放战争史话	朱宗震	汪朝光
	130	革命根据地史话	马洪武	王明生
	131	中国人民解放军史话	荣维木	
	132	宪政史话	徐辉琪	付建成
	133	工人运动史话	唐玉良	高爱娣
	134	农民运动史话	方之光	龚　云
	135	青年运动史话	郭贵儒	
	136	妇女运动史话	刘　红	刘光永
	137	土地改革史话	董志凯	陈廷煊
	138	买办史话	潘君祥	顾柏荣
	139	四大家族史话	江绍贞	
	140	汪伪政权史话	闻少华	
	141	伪满洲国史话	齐福霖	

系列名	序号	书名	作者
近代经济生活系列（17种）	142	人口史话	姜　涛
	143	禁烟史话	王宏斌
	144	海关史话	陈霞飞　蔡渭洲
	145	铁路史话	龚　云
	146	矿业史话	纪　辛
	147	航运史话	张后铨
	148	邮政史话	修晓波
	149	金融史话	陈争平
	150	通货膨胀史话	郑起东
	151	外债史话	陈争平
	152	商会史话	虞和平
	153	农业改进史话	章　楷
	154	民族工业发展史话	徐建生
	155	灾荒史话	刘仰东　夏明方
	156	流民史话	池子华
	157	秘密社会史话	刘才赋
	158	旗人史话	刘小萌
近代中外关系系列（13种）	159	西洋器物传入中国史话	隋元芬
	160	中外不平等条约史话	李育民
	161	开埠史话	杜　语
	162	教案史话	夏春涛
	163	中英关系史话	孙　庆

系列名	序号	书名	作者
近代中外关系系列（13种）	164	中法关系史话	葛夫平
	165	中德关系史话	杜继东
	166	中日关系史话	王建朗
	167	中美关系史话	陶文钊
	168	中俄关系史话	薛衔天
	169	中苏关系史话	黄纪莲
	170	华侨史话	陈　民　任贵祥
	171	华工史话	董丛林
近代精神文化系列（18种）	172	政治思想史话	朱志敏
	173	伦理道德史话	马　勇
	174	启蒙思潮史话	彭平一
	175	三民主义史话	贺　渊
	176	社会主义思潮史话	张　武　张艳国　喻承久
	177	无政府主义思潮史话	汤庭芬
	178	教育史话	朱从兵
	179	大学史话	金以林
	180	留学史话	刘志强　张学继
	181	法制史话	李　力
	182	报刊史话	李仲明
	183	出版史话	刘俐娜
	184	科学技术史话	姜　超

系列名	序 号	书 名	作 者
近代精神文化系列（18种）	185	翻译史话	王晓丹
	186	美术史话	龚产兴
	187	音乐史话	梁茂春
	188	电影史话	孙立峰
	189	话剧史话	梁淑安
近代区域文化系列（11种）	190	北京史话	果鸿孝
	191	上海史话	马学强　宋钻友
	192	天津史话	罗澍伟
	193	广州史话	张　苹　张　磊
	194	武汉史话	皮明庥　郑自来
	195	重庆史话	隗瀛涛　沈松平
	196	新疆史话	王建民
	197	西藏史话	徐志民
	198	香港史话	刘蜀永
	199	澳门史话	邓开颂　陆晓敏　杨仁飞
	200	台湾史话	程朝云

《中国史话》主要编辑
出版发行人

总 策 划	谢寿光	王　正	
执行策划	杨　群	徐思彦	宋月华
	梁艳玲	刘晖春	张国春
统　　筹	黄　丹	宋淑洁	
设计总监	孙元明		
市场推广	蔡继辉	刘德顺	李丽丽
责任印制	岳　阳